Heinrich Funck

J.K. Lavater und der Markgraf Karl Friedrich von Baden

Heinrich Funck

J.K. Lavater und der Markgraf Karl Friedrich von Baden

ISBN/EAN: 9783743319653

Hergestellt in Europa, USA, Kanada, Australien, Japan

Cover: Foto ©ninafisch / pixelio.de

Manufactured and distributed by brebook publishing software (www.brebook.com)

Heinrich Funck

J.K. Lavater und der Markgraf Karl Friedrich von Baden

Spezial-Cataloge
des
Mohr'schen Verlages in Freiburg i. B.

Nr. 10.

Gemeinverständliche Schriften und Werke.

⸺ 1890. ⸺

C. A. Wagner's Buchdruckerei, Freiburg i. B.

1890. 11. X. 6000.

Akademische Verlagsbuchhandlung von J. C. B. Mohr (P. Siebeck) in Freiburg i. B.

Ein neues Buch

vom Verfasser der Schrift:

„Im Kampf um die Weltanschauung"

ist soeben erschienen

unter dem Titel:

Die

Biblischen Wundergeschichten.

1890. Geheftet M. 1.—.

Diese neue Schrift des badischen Pfarrers ist ebenso ruhig und schön geschrieben, wie die frühere und wendet sich an das gleiche Publikum, wie diese, nämlich an alle Gebildeten, welche Sinn für Religion und religiöses Leben haben.

In neuer Ausgabe erschien:

Inneres Leben.

Vom Verfasser der Schrift:

„Im Kampf um die Weltanschauung".

Zweite Auflage.

1890. Cartonirt oder gebunden M. 2.—.

Akademische Verlagsbuchhandlung von J. C. B. Mohr (P. Siebeck)
in Freiburg i. B.

Im
Kampf um die Weltanschauung.
Bekenntnisse eines Theologen.

Ausgabe A.
Erste und zweite Auflage.
1883. Cartonirt M. 2.80, in Leinwand gebunden M. 3.—.

Ausgabe B.
Dritte bis neunte Auflage.
1888—1890. Cartonirt M. 1.—.

Das kleine Buch hat in den weitesten Kreisen großes Aufsehen erregt. Die erste und zweite Auflage war in wenigen Monaten nahezu vergriffen.

Ohne Furcht vor Urtheil und ohne Vorurtheil ist es geschrieben, nicht in gelehrtem Ton, sondern in leicht verständlichem Stil, der die Lectüre für weite Kreise, auch für **Frauen,** anziehend macht.

Da ist Nichts unklar und verschwommen, Nichts von confessioneller Engherzigkeit und Unduldsamkeit: ein gereifter, über dem Hader der Parteien stehender Geist spricht aus dem Buche zu uns.

Auf Wünsche hin, die aus verschiedenen Kreisen bekannt geworden sind, ist neben der feinen Ausgabe auch eine billigere — für M. 1. — veranstaltet worden.

Inhaltlich sind sämmtliche Auflagen gleichlautend.

**Akademische Verlagsbuchhandlung von J. C. B. Mohr (P. Siebeck)
in Freiburg i. B.**

Der Brief des Paulus an die Philipper.

Ausgelegt von

D. H. von Soden,
Prediger in Berlin.

1889. Kartonirt M. 1.—.

Der Zweck dieser Erklärung des Philipperbriefes ist, alles an historischem, dogmatischem, religiösem Detail auszuführen, was zum vollen Verständniß des Briefes dient und andererseits alles, wofür uns der Brief Urkunde ist, im Zusammenhang mit dem anderweit her Bekannten klar zu legen. Die Tendenz der Erbauung wird dem Büchlein eine gute Empfehlung auch bei den weiblichen Lesern sein.

Geistliche und Lehrer finden darin alles gelehrte Material wohl gruppirt für Bibelstunden und Unterricht bereit gestellt.

Achelis, E. Ch., Christusreden. Predigten. (Soeben erschienen.) Gebunden M. 4.—.

Palmer, Ch., Predigten aus neuerer Zeit. Ermäßigter Preis gebunden M. 3.—.

Akademische Verlagsbuchhandlung von J. C. B. Mohr (P. Siebeck)
in Freiburg i. B.

Das
Neue Testament

übersetzt

von

C. Weizsäcker,
D. theol.

Dritte und vierte Auflage.

Ausgabe A in Ganzleinwand gebunden M. 4.—.

Ausgabe B (Velinpapier) in Ganzlederband gebunden M. 6.—.

Die neue, wesentlich verbesserte Auflage dieser als mustergiltig anerkannten Uebersetzung des Neuen Testaments ist bedeutend billiger als die zweite Auflage.

„Womit man diese Uebersetzung auch vergleiche, mit dem Urtext, auch mit dem lutherischen N. T., mit anderen Uebersetzungen aus neuerer Zeit, immer wird man nicht umhin können, ihr **bewundernde Anerkennung** zu zollen. **Meisterhaft** weiss sie den beiden Haupterfordernissen einer guten Uebersetzung, der Treue gegen die fremde Sprache und dem freien Gehorsam gegen die eigene, gleich gerecht zu werden.

Der Uebersetzer hat die Gabe das Verstandene auch allgemein verständlich zu sagen; wo diese seine Aufgabe am schwersten war, hat er sie am glänzendsten gelöst. **Es ist geradezu eine Erbauung einen paulinischen Brief bei ihm in einem Zuge zu lesen.** Da ist keine Seite, wo man nicht überrascht würde durch eine auffallend glückliche Wiedergabe schwieriger griechischer Wendungen, durch eine merkwürdig durchsichtige Entfaltung dunkler und verwickelter Gedankenzüge." (Götting. gel. Anzeigen.)

Die Genesis mit äusserer Unterscheidung der Quellenschriften übersetzt von **Kautzsch und Socin.** Zweite vielfach neu bearbeitete Auflage.   ca. M. 2. 50.

Akademische Verlagsbuchhandlung von J. C. B. Mohr (P. Siebeck)
in Freiburg i. B.

Soeben erschienen:

Die
Heilige Schrift
des
Alten Testaments

in Verbindung mit

Professor Baethgen in Greifswald, Professor Guthe in Leipzig, Professor Kamphausen in Bonn, Professor Kittel in Breslau, Lic. Marti in Basel, Professor Rothstein in Halle, Professor Rüetschi in Bern, Professor Ryssel in Zürich, Professor Siegfried in Jena, Professor Socin in Leipzig

übersetzt und herausgegeben

von

E. Kautzsch,
Professor der Theologie in Halle.

═══ **Erste Lieferung.** ═══

═══ **Zweite Lieferung.** ═══

Diese Uebersetzung des Alten Testaments wird in erster Linie auf eine richtige Wiedergabe des Grundtextes ausgehen. Eine solche ist keineswegs gleichbedeutend mit einer sogenannten wörtlichen Uebersetzung, denn diese giebt häufig nur eine Art Schattenriß von dem Urbild, ohne Farbe und Leben. Nicht selten führt sie sogar den Leser irre: die Folge der Worte ist scheinbar dieselbe wie im Grundtext, schließt aber im Deutschen einen andern Sinn in sich. Wenn die Herausgeber in solchen Fällen nicht die Worte, sondern den wahren und eigentlichen Sinn der Worte sorgfältig wiederzugeben trachten, so folgen sie damit nur dem Vorbild des großen Meisters der Uebersetzungskunst, Dr. Martin Luther.

Dieses Ziel — Treue der Wiedergabe des Grundtextes und Verständlichkeit des deutschen Textes — ist das gleiche, aber die äußeren Mittel zur Erreichung desselben sind im

Akademische Verlagsbuchhandlung von J. C. B. Mohr (P. Siebeck) in Freiburg i. B.

Laufe von Jahrhunderten naturgemäß Veränderungen unterworfen.

Für die Theologen, Studierende wie Pfarrer, der kürzeste Kommentar zum Alten Testament, ein zuverlässiges Hilfsmittel zu rascher Orientirung wie zum Studium des Grundtextes, **für die Laien ein sicherer Führer durch das Alte Testament auf Grund der Ergebnisse der neuesten Schriftforschung zu werden — das ist der Zweck dieser Uebersetzung.**

Das Bedürfniß nach einer solchen ist allgemein anerkannt. **Möge sie denn nicht allein bei Pfarrern und bei Studierenden der Theologie, sondern auch in allen gebildeten Familien protestantischer Konfession Eingang finden!**

Die Verlagshandlung ladet hiermit zur **Subskription** ein.

Subskriptions-Bedingungen.

Bis zu einem Umfange von 60 Druckbogen beträgt der Subskriptionspreis M. 9. — (Franks 12. —).

Der Subskriptionspreis für Bogen 1—60 inclusive wird bei Bezug der zweiten Lieferung vorausberechnet.

Sollte der Umfang von 60 Druckbogen überschritten werden — was jedoch sehr unwahrscheinlich ist — so tritt bei Erscheinen der letzten Lieferung eine entsprechende Nachberechnung ein.

Subskribirt werden kann nur bis zum

31. Dezember 1890.

Subskriptionsanmeldungen werden nur angenommen, wenn sie seitens der Sortimentshandlungen spätestens bis zum 5. Januar 1891 der Verlagshandlung übermittelt sind.

Der Ladenpreis beträgt ca. 25 Pfennige pro Druckbogen.

Alle nach dem 5. Januar in Freiburg eintreffenden Bestellungen werden nur zum **Ladenpreis** ausgeführt.

Akademische Verlagsbuchhandlung von J. C. B. Mohr (P. Siebeck)
in Freiburg i. B.

Neuere theologische Werke,
welche auch für weitere Kreise von Interesse sind.

Gottschick, J., Die Kirchlichkeit der sog. kirchlichen Theologie.
M. 4. —.

Hand-Commentar zum Neuen Testament. Erster Band.
Synoptiker und Apostelgeschichte. Bearbeitet von
H. J. Holtzmann. Gebunden. M. 8. —.

— — **Dritter Band, 2. Abtheilung:** Briefe an die Hebräer,
1. 2. Petrusbrief, Judasbrief. Bearbeitet von **H. v. Soden.**
M. 3. —.

— — **Vierter Band, 1. Abtheilung:** Johannesevangelium.
Bearbeitet von **H. J. Holtzmann.** M. 3. —.
Diese neueste und kürzeste Auslegung des Neuen Testaments
ist auch für Laien von grösstem Interesse.

Harnack, A., Lehrbuch der Dogmengeschichte. 3 Bände.
2. Aufl. Gebunden. M. 47. —.

— — Grundriss der Dogmengeschichte. Gebunden.
M. 4. —.

Holtzmann, H. J., Einleitung in das Neue Testament. 2. Aufl.
Gebunden. M. 12. —.

Herrmann, W., Die Gewissheit des Glaubens und die
Freiheit der Theologie. 2. Auflage. M. 1. 20.

Jülicher, A., Die Gleichnisreden Jesu. M. 6. 60.

Das
Apostolische Zeitalter
der
christlichen Kirche.
Von
Carl Weizsäcker.

**Zweite mit einem Sach- und Stellenregister vermehrte
Ausgabe.**

Gebunden M. 18. 50.

Das Buch ist ohne Anmerkungen geschrieben und ohne gelehrten Apparat. Alle, welche einen offenen Sinn für die Geschichte des Christenthums haben, werden dieses Werk mit grosser Befriedigung lesen und — wieder lesen.

Akademische Verlagsbuchhandlung von J. C. B. Mohr (P. Siebeck) in Freiburg i. B.

Gustav Rümelin,
weil. Kanzler der Universität Tübingen.

Reden und Aufsätze.
1875. Gebunden M. 3. 60.

Inhalt. I. Reden: Ueber den Begriff eines socialen Gesetzes, 1867. — Ueber Hegel, 1870. — Ueber das Rechtsgefühl, 1871. — Ueber den Begriff des Volkes, 1872. — Ueber die Lehre von den Seelenvermögen, 1873. — Ueber das Verhältniß der Politik zur Moral, 1874. — Ueber die Reichsoberhauptfrage. Frankfurt 1849. — Rede zur Feier des Geburtstags des deutschen Kaisers, 1874.
II. Aufsätze: Zur Theorie der Statistik I. 1863 und II. 1874. — Ueber den Begriff und die Dauer einer Generation. — Ueber die Malthus'schen Lehren. — Stadt und Land
III. Kleine Betrachtungen und Bekenntnisse vermischten Inhalts. 1) Allerlei: Menschliche Lebensdauer. — Der Militäraufwand. — Die Oeconomie der Aemter. — Moralstatistik und Willensfreiheit. — Furcht und Mitleid in der Tragödie. — Zu Hermann und Dorothea. — Eintheilung der Universalgeschichte. — Strauß. — 2) Wider den neuen Glauben. — 3) Wider die Formeln des alten Glaubens.

Reden und Aufsätze.
Neue Folge.
1881. Gebunden M. 5. —.

Inhalt. I. Reden: Ueber den Zusammenhang der sittlichen und intellectuellen Bildung, 1875. — Ueber einige psychologische Voraussetzungen des Strafrechts, 1876. — Festrede zur Verkündigung der Ehrenpromotionen beim Universitätsjubiläum, 10. August 1877. — Ueber die Arbeitstheilung in der Wissenschaft, 1877. — Ueber Gesetze der Geschichte, 1878. — Ueber das Wesen der Gewohnheit, 1879. — Ueber die Idee der Gerechtigkeit, 1880.
II. Aufsätze: Zur katholischen Kirchenfrage. — Ueber den Wahlmodus für den Reichstag. — Eine Definition des Rechts. — Erinnerungen an Robert Mayer. — Altwürttembergisches: 1) Nicolai und sein Reisewerk über Schwaben. 2) Das alte gute Recht. — Ueber das Objekt des Schulzwanges.
Miscellanea: I. Statistisches. II. Ueber Lessing. III. Ueber Gymnasialwesen.
Zur Uebervölkerungsfrage.

Akademische Verlagsbuchhandlung von J. C. B. Mohr (P. Siebeck) in Freiburg i. B.

Bartsch, K., Gesammelte Vorträge und Aufsätze. 1882. Ermäßigter Preis M. 2.—.

Inhalt: Aus der Kinderzeit. I. II. — Die dichterische Gestaltung der Nibelungensage. — Wolfram's von Eschenbach Parzival. — Tristan und Isolde. — Die Treue in deutscher Sage und Poesie. — Das Fürstenideal des Mittelalters im Spiegel deutscher Dichtung. — Die Formen des geselligen Lebens im Mittelalter. — Die romanischen und deutschen Tagelieder. — Guillem von Pergueban. — Das altfranzösische Volkslied des 12. und 13. Jahrhunderts. — Italienisches Frauenleben im Zeitalter Dante's.

Schwab, G., Kleine prosaische Schriften. Ausgewählt und herausgegeben von K. Klüpfel. 1882. M. 1.—.

Christoph Sigwart,
Professor der Philosophie an der Universität Tübingen.

Kleine Schriften.

Erste Reihe.

Zweite berichtigte und vermehrte Ausgabe. 1889. Gebunden M. 4.—.

Mit zwei Facsimiles Giordano Bruno's.

Inhalt: Cornelius Agrippa von Nettesheim. — Theophrastus Paracelsus. — Giordano Bruno vor dem Inquisitionsgericht. — Thomas Campanella und seine politischen Ideen. — Johannes Kepler. — Zum Gedächtniß Schleiermachers. — Jakob Schegl.

Zweite Reihe.

Zweite unveränderte Ausgabe. 1889. Gebunden M. 3.—.

Inhalt: Ueber die sittlichen Grundlagen der Wissenschaft. — Der Kampf gegen den Zweck. — Ueber die Natur unserer Vorstellungen von räumlichen und zeitlichen Größen. — Der Begriff des Wollens und sein Verhältniß zum Begriff der Ursache. — Die Unterschiede der Individualitäten. — Ueber die Eitelkeit.

Windelband, W., Präludien. Aufsätze und Reden zur Einleitung in die Philosophie. 1884. M. 6.—. In Ganzleinwand gebunden M. 7.—.

Inhalt: Was ist Philosophie? — Ueber Sokrates. — Zum Gedächtniß Spinoza's. — Immanuel Kant. — Ueber Friedrich Hölderlin. — Ueber Denken und Nachdenken. — Normen und Naturgesetze. — Kritische oder genetische Methode? — Vom Princip der Moral. — Sub specie aeternitatis. Eine Meditation.

**Akademische Verlagsbuchhandlung von J. C. B. Mohr (P. Siebeck)
in Freiburg i. B.**

Fichte, J. G., Reden an die deutsche Nation. Mit einer Einleitung von J. H. Fichte. Wohlfeile Ausgabe. 1881. M. —.20.

    Inhalt: Vorerinnerung und Uebersicht des Ganzen. — Vom Wesen der neuen Erziehung im Allgemeinen. — Hauptverschiedenheit zwischen den deutschen und den übrigen Völkern germanischer Abkunft. — Folgen aus dieser Verschiedenheit. — Darlegung der deutschen Grundzüge in der Geschichte. — Noch tiefere Erfassung der Ursprünglichkeit und Deutschheit eines Volkes. — Was ein Volk sei in der höheren Bedeutung des Wortes und was Vaterlandsliebe. — An welchen in der Wirklichkeit vorhandenen Punkt die neue Nationalerziehung der Deutschen anzuknüpfen sei. — Zur näheren Bestimmung der deutschen Nationalerziehung. — Wem die Ausführung dieses Erziehungsplanes anheimfallen werde. — Ueber die Mittel, uns bis zur Erreichung des Hauptzweckes aufrecht zu erhalten. — Beschluß des Ganzen.

von Kern, Th., Geschichtliche Vorträge und Aufsätze. Mit einem Vorwort von Julius Weizsäcker. 1875. M. 1.—.
    In Halbfranz gebunden M. 2.—.

    Inhalt: Kaiser Otto III. — Kaiser Konrad II. — Mathilde, die große Gräfin. — Der Kampf der Fürsten gegen die Städte in den Jahren 1449 und 1450. — Straßburgs Einverleibung in Frankreich. — Die Reformen der Kaiserin Maria Theresia. — Zur Geschichte der österreichischen Politik im Jahre 1814. Mit einem Anhang: Die Freiburger Deputation in Basel 1814.

Mejer, O., Biographisches. Gesammelte Aufsätze. 1886. M. 2.—.

    Inhalt: Gustav Hugo, der Gründer der historischen Juristenschule. — Eine Erinnerung an B. G. Niebuhr. — Der römische Kestner. — Minister Eichhorn.

Palmer, Ch., Geistliches und Weltliches für gebildete christliche Leser. 1873. M. 2.—.
    In Halbfranzband gebunden M. 3.—.

    Inhalt: Pietät und Wahrheit. — Die Phantasie im Reich Gottes. — Ueber Aberglauben und Aufklärung. — Ueber das Gemeinsame und das Unterscheidende im Cultus der verschiedenen christlichen Kirchen. — Abraham a Santa Clara als Prediger. — Schiller und die deutsche Jugend. — Sebastian Bach. — Joseph Haydn. — Beethoven.

Akademische Verlagsbuchhandlung von J. C. B. Mohr (P. Siebeck)
in Freiburg i. B

Aus dem Album eines Achtzigjährigen. M. 1.—.
In Leinwand gebunden M. 2.—.
Dieses Album birgt in den Abschnitten: Lebensverfassung Lebensregeln — Erziehung Bildung Kunst — Recht Billigkeit — Politik Volkswirthschaft — Philosophie Religion — Sinnsprüche — Letzte Worte hervorragender Persönlichkeiten — eine Fülle von Lebensweisheit. Von der Kritik sowohl als auch vom Publikum sehr günstig aufgenommen, dürfte dieser kleine
„**Pharus am Meere des Lebens**"
als ein neues Festgeschenk Vielen willkommen sein.

Briefe und Berichte des Generals und der Generalin von Riedesel, während des nordamerikanischen Krieges in den Jahren 1776—1783 geschrieben. M. 3.—.
In Halbfranz gebunden M. 4.—.

Ecker, A., Hundert Jahre einer Freiburger Professorenfamilie. Biographische Aufzeichnungen. M. 1.—.
In Halbfranz gebunden M. 2.—.

Köstlin, H. A., Candidatenfahrten. Nach den Papieren eines schwäbischen Pfarrers. Zweite Ausgabe. M. 1.—.
In Leinwand gebunden M. 1. 60.

Reyscher, A. L., Erinnerungen aus alter und neuer Zeit. Herausgegeben von K. Riecke. Mit Reyscher's Bild.
M. 2.—.

Schwab, Ch. Th., Gustav Schwab's Leben. Erzählt von seinem Sohne. M. 2.—.

von Simson, B., Ueber die Beziehungen Napoleons III. zu Preussen und Deutschland. Ein Vortrag. 1882.
M. —. 60.

Winckelmann's Briefe an seine Züricher Freunde. Nach den auf der Züricher Stadtbibliothek aufbewahrten Originalen in vermehrter und verbesserter Gestalt neu herausgegeben von Hugo Blümner. M. 1.—.
In Halbfranzband gebunden M. 2.—.

Zimmerische Chronik, herausgegeben von K. A. Barack. Zweite verbesserte Auflage. 4 Bände. 1882.
Ermäßigter Preis M. 40.—.
In Renaissance-Ganzlederband gebunden M. 50.—.

=== **Unter der Presse:** ===

Heyck, E., Geschichte der **Herzöge** von **Zähringen**. Im Auftrag der Badischen historischen Commission.

Akademische Verlagsbuchhandlung von J. C. B. Mohr (P. Siebeck)
in Freiburg i. B.

Arnim's
Tröst Einsamkeit.

Herausgegeben
von
Fridrich Pfaff.

Mit 10 Abbildungen.

Zweite Ausgabe.

1889. Gebunden M. 3. —.

---

von Arnim, L. A., Hollin's Liebeleben. Ein Roman. Neu herausgegeben und mit einer Einleitung versehen von J. Minor. 1883. Ermäßigter Preis M. 1. —.

Brentano, C., Lied von eines Studenten Ankunft in Heidelberg. Mit Vorwort und Anmerkungen herausgegeben von K. Bartsch. 1882. M. —. 40.
Feine Ausgabe auf holländischem Büttenpapier M. 1. —.

von Mohl, Robert, Sitten und Betragen der Tübinger Studirenden während des 16. Jahrhunderts. 2. Auflage. 1871. M. 1 —.

**Akademische Verlagsbuchhandlung von J. C. B. Mohr (P. Siebeck)
in Freiburg i. B.**

Rapp, M., Das goldne Alter der deutschen Poesie. Zwei
Bände. Erster Band. Von Klopstock bis Goethe.
Zweiter Band. Schiller, Hebel und Jean Paul. 1861.
                                                       M. 4.—
Goethe's Faust, ein Fragment, in der ursprünglichen Ge-
stalt neu herausgegeben von W. L. Holland. Zweite
Auflage. 1882.   M. 1.—.
    Ausgabe auf holländischem Büttenpapier M. 4.—.
        In Halbfranzband gebunden M. 6.—.
— Götz von Berlichingen. In dreifacher Gestalt heraus-
gegeben von J. Baechtold. Zweite Ausgabe. 1882.
                                                       M. 2.—.
— Iphigenie auf Tauris. In vierfacher Gestalt heraus-
gegeben von J. Baechtold. Zweite Ausgabe. 1888.
                                                       M. 1.—.

Blümner, H., Laokoon-Studien. Erstes Heft. Ueber
den Gebrauch der Allegorie in den bildenden Künsten.
1881.   M. 2.—.
    In ganz Schweinslederband gebunden M. 3.50.
— — Laokoon-Studien. Zweites Heft. Ueber den
fruchtbaren Moment und das Transitorische in den
bildenden Künsten. 1882.   M. 3.—.
    In ganz Schweinslederband gebunden M. 4.80.
Kraus, Durm und **Wagner,** Die Kunstdenkmäler des Gross-
herzogthums Baden. Mit vielen Illustrationen.
Erster Band: Kreis Konstanz. 1888. Cartonirt
                                            M. 16.—.
                        Gebunden M. 20.—.
Zweiter Band: Kreis Villingen. 1890. Cartonirt
                                              M. 5.—.
                        Gebunden M. 9.—.

Musikalisches Lexikon von Arrey von Dommer. Zweite
umgearbeitete Auflage von Koch's Lexikon.
        In Leinwand gebunden M. 16.—.
Ueber Reinheit der Tonkunst. Von A. F. J. Thibaut.
        In Leinwand gebunden M. 3.—.
    Inhalt: Ueber den Choral. — Ueber Kirchenmusik außer dem
Choral. — Ueber Volksgesänge. — Ueber Bildung durch Muster. —
Ueber den Effekt. — Ueber das Instrumentiren. — Ueber genaue
Vergleichung der Werke großer Meister. — Ueber Vielseitigkeit. —
Ueber Verdorbenheit der Texte. — Ueber Singvereine.

Akademische Verlagsbuchhandlung von J. C. B. Mohr (P. Siebeck)
in Freiburg i. B.

Geschichte
der
Philosophie.

Von

Dr. Wilhelm Windelband
ord. Professor an der Universität Strassburg.

Erste Lieferung.
1890. M. 2.50.

Zweite Lieferung.
1890. ca. M. 2.50.

Vollständig in 3 bis 4 Lieferungen.

Seit Schwegler's „Geschichte der Philosophie", welche in vielen Theilen veraltet ist, erschien kein kurzes, die g a n z e Geschichte der Philosophie umfassendes Compendium mehr. Jetzt wird es endlich von berufenster Seite geboten. Ein Werk, das auch für **Laien** ebenso genussreich zu lesen ist, wie z. B. **Scherer's** deutsche Litteraturgeschichte.

PSYCHE.

Seelenkult und Unsterblichkeitsglaube der Griechen.

von

Erwin Rhode,
Geheimer Hofrath und Professor in Heidelberg.

Erste Hälfte.

1890. Gewöhnliche Ausgabe M. 7.— Feine Ausgabe M. 8.—

Für **Laien**, welche sich für griechische Cultur und Religion interessiren, bietet dieses ganz hervorragende Werk eine selten lehrreiche Lectüre.

Akademische Verlagsbuchhandlung von J. C. B. Mohr (P. Siebeck)
in Freiburg i. B.

Ein Blick in unsere Zeit

Von

Dr. H. Spitta.

Erste und zweite Auflage.

1889. Cartonirt M. 1.—.

Die Deutsche Sozialgesetzgebung.

Systematisch dargestellt

von

Dr. C. Bornhak.

1890. M. 1.—.

Hegar, A., Specialismus und allgemeine Bildung. M. —. 75.

Münsterberg, H., der Ursprung der Sittlichkeit. 1888. M. 3.—.

Weismann, A., Ueber den Rückschritt in der Natur. 1886. M. 1.—.

Der Unterzeichnete bestellt hiermit aus dem **Mohr'schen Spezial-Catalog Nr. 10** bei der Buchhandlung von

Ort und Datum:

Name:

An

die Buchhandlung von

Subskriptionsschein.

Der Unterzeichnete ersucht die Buchhandlung von

....

für ihn auf

die Heilige Schrift des Alten Testaments

in Verbindung mit mehreren Gelehrten
übersetzt und herausgegeben von

E. Kautzsch,

Professor an der Universität Halle

(Verlag von J. C. B. Mohr in Freiburg i. B.)

unter den von der Verlagshandlung bekannt gegebenen Bedingungen zu subskribiren. Er wünscht Zusendung der zweiten Lieferung gegen Vorausberechnung des Subskriptionspreises von M. 9.— (Franxs 12.—) für Druckbogen 1—60.

Ort und Datum:

Unterschrift:

An

die Buchhandlung von

J. K. Lavater

und der

Markgraf Karl Friedrich von Baden.

J. K. Lavater

und der

Markgraf Karl Friedrich

von Baden.

Von

Heinrich Funck.

Freiburg i. B. 1890.
Akademische Verlagsbuchhandlung von J. C. B. Mohr
(Paul Siebeck).

Der

Badischen historischen Kommission

zugeeignet.

Man hat es schon sehr beklagt, „daß wir über manche perſönliche Beziehungen Lavaters zu ausgezeichneten Menſchen nicht näher unterrichtet ſind". Um dieſem Mangel in etwas abzuhelfen, geben wir hier die Darſtellung von J. K. Lavaters vertrautem Verhältnis zu einem ausgezeichneten Menſchen und Fürſten, eine Studie, deren Herausgabe um ſo zeitgemäßer erſcheint, als gerade in unſern Tagen wieder ein größeres Intereſſe für Karl Friedrichs von Baden edle und außergewöhnliche Perſönlichkeit durch die Geſchichtsforſchung wachgerufen worden iſt. Es beruht aber die vorliegende Publikation über J. K. Lavater und den großen Markgrafen überwiegend auf noch ungedruckten Quellen, die der Verfaſſer hofft demnächſt einem größern Leſerkreis zugänglich machen zu können. Eine ins einzelne gehende Angabe dieſer ſowie der übrigen von uns benützten Quellen bieten die dem Aufſatze beigefügten Anmerkungen.

Im Sommer 1774 kehrte J. K. Lavater auf der für ihn zu einem Triumphzuge durch Deutschland sich gestaltenden Emser Badereise Freund Schlossers wegen¹) auch in Karlsruhe an und wurde daselbst gleich am ersten Morgen nach seiner Ankunft zum Markgrafen ins Schloß gebeten. Die Einladung zu Hofe hatte ihm eben jener Kirchenrat J. L. Boeckmann zu überbringen, der einige Monate später von seinem Fürsten den Auftrag erhielt, Klopstock, „den Dichter der Religion und des Vaterlandes", in die baden-durlachische Residenzstadt einzuladen²). Lavater zählte damals noch nicht 33 Jahre, während Karl Friedrich bereits in den Vierzigern stand.

„Der erste Anblick" — schrieb der gefeierte Schriftsteller und Kanzelredner am Abend nach der Audienz in sein Reisejournal — „war markgräflich; der Fürst war etwas trocken, doch sogleich herablassend. Er ließ sich sofort mit mir in allerlei Diskurse ein. Bald darauf setzte er sich und hieß mich neben ihn sitzen. Er fragte mich nach der Zuverlässigkeit und dem Nutzen der Physiognomik so vernünftig wie möglich, sprach mit mir von der Porträtmalerei . . . . Von Klopstocks Messiade verlangte der Markgraf mein Urteil, er war ihm sehr gewogen, ich konnte und durfte nach meinem Gefühl aufrichtig und frei reden. Wir unterhielten uns noch über den gegenwärtigen

Zustand der Religion, das heutige seine Antichristentum und über vieles Andere mehr."

Auf den dringenden Wunsch der badischen Herrschaften erschien Lavater Tags darauf noch einmal bei Hofe. Nach wenigen Minuten lud der Markgraf die Anwesenden zum Sitzen ein. „Wir saßen" — heißt es in dem oben angeführten, noch ungedruckten Tagebuche weiter — „vertraulich um ihn herum. Wir sprachen vom Atheismus und der natürlichen Gotteserkenntnis, von der Sprache, von Herders Symbol, seiner Beredsamkeit, seinen Schriften, vom Sozinismus, von der Ewigkeit der Höllenstrafen (der Markgraf hatte eine Thräne im Auge, da ich meine Ansicht frei hierüber sagte), von Garrick, vom Schauspiel, von Kinderschauspielen, vom Einfluß der Verstellungskunst eines Komödianten auf seinen Charakter, von der Betschwester und dem Tartuffen." Darnach kam die Rede auf Pfenninger und die übrigen Herzensfreunde, auf Lavaters anstrengende Berufspflichten und seine ausgebreitete freiwillige Thätigkeit. Zuletzt wurde die private und öffentliche Erziehung berührt, ein Thema, über das der edle Markgraf von Baden — vor damals bald 20 Jahren — schon mit Wieland[3]) konferiert hatte.

Da Lavater seinen Besuch bei Goethe in Frankfurt[4]) nicht länger hinausschieben wollte, reiste er trotz des Drängens der Frau Markgräfin, einer Schwägerin der großen Landgräfin Karolina von Hessen, ihnen noch einen weitern Tag zu schenken, am andern Morgen von Karlsruhe ab. Einige Wochen später jedoch kehrte er auf ein paar Tage wieder ebendahin zurück und "genoß am Hofe eine ganz ausnehmende Freundschaft, so daß er noch mehr als bei der Hinreise nach Ems äußerst behaglich und traulich daselbst war" [5]). Weil er diesmal über einen Sonntag in der markgräflichen Residenz sich aufhielt, konnte er die Bitte der Fürstenfamilie, in der Hofkapelle zu predigen, nicht unerfüllt lassen. So hielt er an derselben Stelle, wo wenige Jahre zuvor Herder „auf Begehren Serenissimi an einem Wochentage" [6]) über die Bestimmung des Menschen [7]) gesprochen hatte, ebenfalls unter gewaltigem Andrange und zum Entzücken seiner Zuhörer eine Gastpredigt über die Gotteskindschaft des Christen (1. Joh. III, 2).

Außer den verschiedenen Mitgliedern der markgräflichen Familie, „deren Kenntnisse, Wahrheitsliebe und vertrauliche Art weit über sein Erwarten gingen" [8]), und dem oben erwähnten Kirchenrat Boeckmann hatte der Züricher Pfarrer in Karlsruhe noch eine Reihe hervorragender Persönlichkeiten näher kennen gelernt, aus der wir hier nur das originelle Fräulein von Geusau, unsere Karlsruher von Klettenberg, hervorheben wollen und den Minister Wilhelm von Edelsheim [9]), der ihm damals „als ein sanfter, gelehrter, weit gereister, sehr vernünftiger Mann" erschien.

In Karl Friedrich von Baden, dem humanen und religiösen Fürsten, hatte Lavater die hochgestellte Persönlichkeit gefunden, der er den „ersten Versuch" seiner „physiognomischen Fragmente zur Beförderung der Menschenkenntnis und Menschenliebe" öffentlich zu widmen gedachte [10]). Aber ehe noch im

Frühjahr des Jahres 1775 „das erste fertige Exemplar"[11]) der dem Markgrafen zugeeigneten Physiognomik in des Fürsten Hände gelangte, hatte ihr Verfasser bereits mit seinem fürstlichen Gönner eine Korrespondenz eröffnet[12]), deren Hauptinhalt zunächst das demselben zu dedicierende und hernach ihm gewidmete großartige Schriftwerk Lavaters bildete. Dieser Briefwechsel erhielt noch im Sommer des genannten Jahres einen neuen Impuls durch die mannigfache Anregung, welche Goethes und der beiden Stolberge Schweizerreise für den Züricher Propheten mit sich brachte. Die interessante Reisegesellschaft hatte auf dem Hinwege auch in Karlsruhe vorgesprochen und kurze Zeit am dortigen Hofe verweilt[13]). Hier war es vornehmlich die Prinzessin Luise von Darmstadt, Karl Augusts Braut, gewesen, welche zu Fritz Stolberg „von der Schweiz, von der Freiheit und von Lavater in einem Tone gesprochen, der ihn entzückt hat"[14]). Ihr widmete als regierender Herzogin von Weimar Lavater im Jahre darauf den zweiten Teil der physiognomischen Fragmente, dessen Drucklegung er soeben mit seinen genialen Besuchern in Zürich eifrigst besprach[15]). Bei diesen Erörterungen, namentlich aber bei der Durchsicht der dem Werke noch einzuverleibenden Porträts und Silhouetten kam unserm Physiognomiker so manches längst vergessene Desiderium wieder zum Vorschein, das ihm jetzt der Markgraf von Baden vermöge seiner zahlreichen freundschaftlichen und verwandtschaftlichen Verbindungen beseitigen helfen sollte[16]). Gegen Ende der 1770er Jahre geriet die

Korrespondenz Lavaters mit dem Markgrafen allmählich ins Stocken, ohne daß dadurch das innere Einvernehmen der beiden seelenverwandten Männer eine Einbuße erlitten hätte.

Im Sommer 1782 ergriff Lavater mit tausend Freuden die Gelegenheit, welche sich ihm darbot, mit dem edelsinnigen Fürsten Franz von Dessau, den er soeben in Zürich erst kennen gelernt hatte, nach Karlsruhe zu reisen[17]), um dort „wieder einmal einem Regenten persönlich nahe zu kommen, der ihm so unvergeßlich war". Allein die rückhaltlose Art, mit welcher der ebengenannte Standesgenosse und vertraute Freund Karl Friedrichs seinem Naturell gemäß dem großen Wahrheitslehrer und Menschenfreund sich alsbald so ganz hingab, bewirkte, daß während dieses Aufenthaltes am badischen Hofe ein zurückhaltendes Etwas im Auftreten des Markgrafen unsern berühmten Züricher unangenehm berührte. „Des Markgrafen anfängliche Kälte, besser Marmornheit", schrieb er am 10. August 1782 an Goethe, „fiel mir sehr auf. Neben Dessau war er anfangs fast ungenießbar." Und der Minister von Edelsheim drückte ihn gar, wie ihm däuchte, „durch seine höfische Suffisance"[18]). Dagegen vermochte der von den Huldigungen seiner Mitwelt bereits stark verwöhnte Mann sich mit den jüngern Mitgliedern des markgräflichen Hauses diesmal noch mehr als vor acht Jahren zu befreunden, zumeist mit dem Prinzen Friedrich von Baden, Karl Friedrichs zweitältestem Sohne, mit dem er nach seiner diesjährigen Tour zärtliche Briefe zu wechseln begann [19]). Der Markgraf selbst aber fühlte sich, dem Ton seiner Briefe nach zu schließen [20]), nach diesem neuen Besuch Lavaters am Karlsruher Hofe dem Züricher Gesinnungsfreunde enger verbunden als vorher. Das folgende Jahr aber brachte unsere beiden Gesinnungsfreunde um vieles einander näher. Leider gab ein tief erschütterndes Ereignis im hochfürstlichen Hause den Anstoß dazu. Karoline Luise, die in so mancher Hinsicht unvergleichliche Gemahlin Karl Friedrichs, war am 8. April 1783 plötzlich den Ihrigen durch den Tod entrissen worden. Alsbald hatte der Markgraf, dem die Welt infolge dieses Schicksalsschlages zuwider war, mit den Seinen die Residenzstadt verlassen, um in der Einsamkeit eines Jagdschlosses, das der Lieblingsaufenthalt der Fürstin gewesen, den schweren, unersetzlichen Verlust zu beweinen. Neben den Mitgliedern seiner Familie waren hier Schlosser, Boeckmann und von Edelsheim [21]) in aufopfernder Hingebung bemüht, den vom Schmerz Tiefgebeugten wieder aufzurichten. Nachdem Karl Friedrich dann im Sommer mit seinem Hofe nach dem ebenfalls in ländlicher Stille gelegenen Bad Langensteinbach übergesiedelt war, traf hier Lavater zum Besuche ein, und es fühlte sich derselbe diesmal im Schoße der „liebenswürdigsten Fürstenfamilie" so ganz in seinem Elemente; denn als Tröster und Seelenrat wirksam zu sein, war von jeher seine geheime und höchste Lust. „Ich hatte", schrieb er in das damals geführte Tagebuch ein, „herrliche Stunden

bei dem edeln Markgrafen, mit dem ich viel vom
frohen Wiedersehen unserer vorangegangenen Geliebten,
von Begnadigung und Reinigung, von den Verhält=
nissen des gegenwärtigen und künftigen Lebens sprach"[22]).
Wer hätte aber auch damals mit dem Markgrafen an=
ziehender über alle diese Fragen sprechen können, als
der Verfasser des berühmten Buches „Aussichten in
die Ewigkeit", jenes vierbändigen Werkes, das dereinst
Lavaters Schriftstellerruhm begründet hatte und das
von diesem seither noch verbessert worden war[23]).
Um den noch immer seelenwunden Fürsten zu
schonen, richtete der in seine Heimat zurückgekehrte
Lavater seine briefliche Danksagung „für alle in dem
unvergeßlichen Steinbach genossenen Freuden" an
Karl Friedrichs Schwiegertochter Amalia, der darm=
städtischen Luise ältere Schwester, die ihm bereits
während seines vorjährigen Karlsruher Aufenthaltes
„herzlieb geworden war"[24]). „Küssen Sie", heißt es
in diesem Dankschreiben Lavaters an die Erbprinzessin
von Baden, „dem vortrefflichen Markgrafen in mei=
nem Namen die Hand. Sagen Sie ihm: Lavater
liebt Sie und freut sich, nicht von dem Fürsten von
Baden, sondern von dieser Gestalt, diesem treuen
Gesichte geliebt zu werden"[25]). Der Markgraf war
von Lavaters herzlichen Zeilen „gerührt", ließ dieselben
durch Amalia ebenso herzlich erwidern[26]), und nicht
lange darauf finden wir den Fürsten auf dem Wege
zu dem Schweizer Gottesmanne, der nunmehr eine
gewaltige Anziehungskraft auf ihn auszuüben beginnt.
In Karl Friedrichs Begleitung befinden sich außer dem

erbprinzlichen Paar der oben genannte, von Lavater so innig geliebte Prinz Friedrich und der Minister von Edelsheim [27]), mit dem Lavater diesen Sommer endlich auch Freundschaft geschlossen hatte und bereits in die vertrauteste Korrespondenz getreten war [28]).

In Zürich werden die religiösen Gespräche von Langensteinbach eifrig fortgesetzt. Am 10. August sind die badischen Herrschaften zusammen mit den dessauischen, die von Baden, wo sie eben zur Kur weilen, herüber gekommen, um Lavaters Kanzel in der Peterskirche versammelt; seine Predigt über das Schlußwort von Phil. III: „Unser Wandel ist im Himmel ꝛc." wirkt ergreifend auf sie alle [29]). An einem andern Tage führte Lavater seine hohen Besucher hinaus zu dem ihm befreundeten Seelsorger von Oberried [30]), in dessen stillem Pfarrhause er viel an den physiognomischen Fragmenten und andern seiner Werke gearbeitet hatte. Ein andermal fuhr er mit seinen Gästen über den See nach Richterswyl zu seinem und Zimmermanns vertrautem Freunde, dem weithin berühmten Doktor Hotze [31]), den Karl August vergeblich nach Weimar zu ziehen versucht hatte.

Viel Zeit verstrich auch damit, daß der Markgraf und sein ältester Sohn dem Züricher Maler Heinrich Freudweiler, den Fürst Franz damals für seinen Hof gewinnen wollte, wiederholt in Lavaters Garten saßen [32]); das in Aberlischer Manier hergestellte und „unter Lavaters Direktion" [33]) ausgeführte Porträtbild ziert dem Vernehmen nach noch heute ein Zimmer des Großh. Residenzschlosses in Karlsruhe.

Zum Andenken an die in Zürich gemeinsam verlebten Tage und aus Fürsorge für Lavaters Gesundheit, ließ Karl Friedrich diesem im kommenden Herbst drei große Fässer besten Markgräfler Weines zugehen [34]), ein Geschenk, von dem der dankbare Empfänger noch viele Jahre später in den Tagen schwersten Leidens dem fürstlichen Geber berichten konnte: „Noch in meinen letzten Tagen erquicke ich mich von dem Weine, den Sie mir einst zu schenken die Gütigkeit hatten" [35]).

Da der Markgraf in Zürich die Ruhe seines Gemütes wiedergewonnen hatte [36]), kam bald nach seiner Rückkunft in die Residenz seine eigenhändige Korrespondenz mit Lavater wieder in Fluß, die seit dem Hinscheiden der Frau Markgräfin vollständig geruht hatte. Zunächst wurde der Gottesgelehrte von dem Fürsten veranlaßt, nun auch schriftlich mit ihm über die religiösen Fragen zu verhandeln, welche sie bis dahin nur mündlich mit einander besprochen hatten. Vorzüglich waren es die Schriftlehren von der Person Christi und von der Versöhnung, über welche der berühmte Theologe den Markgrafen noch ausführlicher seiner Meinung versichern sollte, und es haben die umfangreichen Briefe, welche in dieser Angelegenheit von Zürich aus an den Hof zu Karlsruhe geschickt wurden, insofern ein besonderes Interesse, als ihr Absender in denselben den Versuch machte, seine schon so vielfach von ihm dargestellten Begriffe von den wichtigsten evangelischen Glaubensgeheimnissen „noch eigentlicher", als es bereits bei der mündlichen

Erörterung von ihm geschehen, „dem Sensorium des Fürsten zu accommodieren"[37]). Was aber bei dem in Rede stehenden Gedankenaustausche Karl Friedrich über seinen Christusglauben, seine Auffassung vom Sohne Gottes und seine Hoffnung auf das Verdienst unseres Heilandes, dem Gewissensrate in Zürich mit großherziger Offenheit anvertraute, gehört zu den schönsten und rührendsten Bekenntnissen, die wir von dieser christlich frommen Fürstenseele besitzen.

Lavaters individueller Schriftauslegung gegenüber, der Edelsheim beigetreten war, hatte Karl Friedrich bei den Religionsgesprächen in Zürich die Auffassung der Orthodoxie vertreten. So war er bei der Besprechung der Lehre von der Person Christi und des Dogmas von der Versöhnung immer wieder auf den Satz zurückgekommen: „Wäre Christus nicht Gott, so wäre sein Verdienst nichts!"[38]). Lavater hingegen hatte, wie in diesem Kernpunkte der christlichen Wahrheit, so bei all seinem evangelischen Forschen stets den Menschen im Auge. In seiner großen ethischen und religiösen Persönlichkeit fanden sich zwei sonst selten mit einander verbundene Richtungen zusammen; er brachte — und darin besteht die wesentlichste Eigentümlichkeit seiner Religiosität — das humane und das mystische Christentum gleichmäßig zur Geltung. Seine Religion war sowohl Humanität als Mystik und Offenbarungsglaube, sie zielte überall und energisch auf das Sittliche, Reinmenschliche und wurzelte doch ganz und gar im Mysterium, im Glauben an das Überirdische und Unsichtbare. In dieser bedeutsamen von uns hier nur kurz skizzierten religiösen Eigentümlichkeit Lavaters³⁹) lag aber auch der tiefere Grund für seine vielfache Anfeindung und Verkennung, wie für seine außerordentliche Wirkung auf Unzählige, in ihr ruhten sowohl die Keime seiner Größe als seiner Schwäche; sie war es endlich, worin der christliche Denker in Zürich mit dem humanen und entschieden christlichen Markgrafen Karl Friedrich von Baden in dessen innerstem Wesen sich berührte.

In der Hoffnung, Lavater bereits künftigen Sommer wieder zu sehen und dann Auge in Auge besser mit ihm über die besprochenen Fragen weiter verhandeln zu können, brach der Markgraf mit dem Beginn des neuen Jahres den **biblischen Diskurs** ab⁴⁰), und es wandte sich die briefliche Unterhaltung der beiden Männer in der nächsten Zeit vorzugsweise den verschiedenen **Erbauungsbüchern** unseres vielgelesenen Autors zu, deren Fortsetzung damals von demselben mit Feuereifer betrieben wurde. Hierbei ist es bezeichnend, daß der Markgraf ein ungleich größeres Interesse für diejenigen Schriften seines geistlichen Freundes an den Tag legt, welche, wie die „**Betrachtungen über die wichtigsten Stellen der Evangelien**", auf weitere Kreise berechnet waren, als für diejenigen, welche, wie die **Messiade** und der **Pontius Pilatus**, Lavaters engsten religiösen Gesinnungsgenossen ein Genüge leisten sollten. Und wenn einmal bei diesen Besprechungen Lavater im Hinblick auf Karl Friedrichs Vorliebe für jene **Betrachtungen** ausruft: „O lieber Markgraf! ich werde mir oft Sie dabei vergegen=

wärtigen und so schreiben, daß ich denken darf, es macht Ihnen wohl, dann weiß ich gewiß, daß ich zehntausend guten Menschen dadurch wohl gemacht habe" [41]), so werden wir bei diesem Ausspruche daran erinnert, daß unser wohlerfahrener und weltkluger religiöser Autor in der That gerade das dem Publikum darzubieten liebte, wovon er wußte, daß es dem oder jenem besondern Menschen wohl that und nützlich war [42]), und können somit aus jener Äußerung Lavaters über Karl Friedrich zu unserer Freude schließen, daß der große Schriftsteller und Prediger jetzt die Persönlichkeit des Mannes auf seine Geistesthätigkeit anregend und bestimmend einwirken läßt, von dessen "Marmornheit" er sich ehedem zurückgestoßen wähnte.

Um dem Verkehr mit seinen vertrautesten Korrespondenzgenossen eine größere Regelmäßigkeit zu verleihen, lud Lavater im Jahre 1784 "den zwanzigsten Teil seiner auswärtigen Geliebtesten" zur Beteiligung an einer Cirkularkorrespondenz [43]) ein. Als Mitglieder dieses Lesezirkels erhielten der Markgraf und sein zweiter Sohn unter dem Versprechen strengster Geheimhaltung Abschriften von den belehrendsten Stellen aus Lavaters Antworten zur Durchsicht und, was noch interessanter war, Entwürfe zu damals entstehenden Lavaterschen Schriftwerken zur Beurteilung. Während aber diese cirkulierenden Manuskripte jeweils über Straßburg nach Karlsruhe kamen und von hier an den Mannheimer Lavaterianer "Geheimerat von

Lamezan iun."⁴⁴) weitergingen, trafen um dieselbe Zeit wiederholt am markgräflichen Hofe auch direkte und nicht weiter zu gebende Handschriftensendungen aus Zürich ein. Solche Sendungen bestanden in Heftchen, welche mit dem Vermerk „Zu alleinigem Gebrauch" versehen waren und Abhandlungen, Gespräche oder Gedanken von Lavater über Religion, Menschen= kenntnis und andere Gegenstände enthielten, für welche der Markgraf sich im besondern interessierte; dieselben sollten mit der Zeit eine kleine handschrift= liche Privatbibliothek des Fürsten bilden, welche ihrem Besitzer, wie Lavater dachte, „recht zu liebe werden mußte" ⁴⁵).

So rege auch nach alle dem mit den Jahren der schriftliche Verkehr zwischen Lavater und dem Mark= grafen geworden war, so konnte ein solcher unsern beiden Männern eben doch nicht den Genuß münd= licher Unterhaltung gewähren. Als daher der von Karl Friedrich seit vier Jahren geplante und immer nicht zur Ausführung gebrachte Wiederbesuch Zürichs wieder einmal in letzter Stunde durch die Umstände dem Fürsten vereitelt werden sollte, forderte derselbe Lavater auf, „ihm ein wahres Vergnügen zu ver= schaffen" und „einige Tage in Basel oder Lörrach mit ihm zuzubringen" ⁴⁶). Lavater kam nach dem erst= genannten Orte, und die Stunden, welche die zwei Seelenfreunde daselbst mit einander verlebten ⁴⁷), waren, wie wir ihrer Korrespondenz entnehmen, für beide Teile gesegnet.

Bei dieser Baseler Zusammenkunft im Oktober

1787 war es auch, wo Lavater aus Karl Friedrichs Munde die ersten Andeutungen von dessen neuestem Vorhaben erhielt, und als dieser Herzenswunsch des erlauchten Freundes mit seiner **Wiedervermählung** noch im November des genannten Jahres in Erfüllung gegangen war, schrieb Lavater an den Fürsten: „Ich höre mit Vergnügen, verehrungswürdiger Markgraf, daß Ihre Durchlaucht bälder, als ich hoffen durfte, zum Ziel Ihres Wunsches gekommen sind. Alles, was Ihr wohlthätiges Leben erleichtert, ist mir wichtig. An Ihrer guten Wahl einer freundschaftlichen Teilnehmerin an allen Freuden und Leiden Ihres Lebens zweifle ich keinen Augenblick. Alles Menschliche ist freilich vermischt, aber wir nennen die Goldmünze sehr gut, die gerade nur so viel Kupfer hat, als zur gangbaren Härte und dem scharfen Gepräge nötig ist. So ist es mit unsern Freuden, der Zusatz von Erde erhält sie im Umlaufe" [48]). Worauf der Markgraf erwiderte: „Für Ihre freundschaftliche Teilnahme an meiner Verbindung mit der **Frau von Hochberg** bin ich Ihnen sehr verbunden. Sie hat ein gutes Herz, viele Aufrichtigkeit und Gradheit und ist dabei munter und aufgeweckt. Ihr Gleichnis mit der Goldmünze und dem Kupferzusatz macht mir immer viele Freude, es ist so passend und wahr, und was mir noch mehr Freude macht, ist, daß ich denke, wir werden einst des Zusatzes frei werden, wenn **der** kommen wird, der das reine Metall von den Schlacken läutern wird! Dann wird alles rein und unsere Freude vollkommen sein!" [49])

Schon im Sommer des Jahres 1785 hatte Lavater in Lausanne und vorzüglich in Genf den im Jahr zuvor vom Marquis von Puysegur, Mesmers eifrigem Schüler, entdeckten magnetischen Somnambulismus in seiner Anwendung bei den mannigfachsten Krankheiten kennen gelernt und darauf selbst das neue Heilmittel an seiner seit vielen Jahren kränkelnden Frau, sowie an andern „elenden, sonst unheilbaren Menschen" mit dem besten Erfolge angewandt. Von alle dem war Karl Friedrich von Baden, der ja mit der größten Herzenswärme alles verfolgte, was der leidenden Menschheit irgend welche Hülfe zu versprechen schien, durch Lavaters Hand in Kenntnis gesetzt worden [50]). Auch hatte derselbe bei dem Fürsten alsbald einen geschickten Arzt aus Appenzell in Vorschlag gebracht, „durch den der Puysegursche Magnetismus untersucht und zur Wohlfahrt der badischen Lande allenfalls ausgeübt werden könnte" [51]). Allein der Markgraf ließ nicht nur den ihm von Lavater empfohlenen schweizerischen Doktor auf seine Kosten an der von dem „Vater des Somnambulismus" gestifteten magnetischen Heilanstalt in Straßburg das neue Verfahren studieren und stellte ihn hernach mit einem Gehalt von 300 fl. als Professor seiner Kunst in Rastatt an, sondern er delegierte auch den Physik-Professor seines Gymnasiums illustre zu Karlsruhe, den schon öfters erwähnten J. L. Boeckmann, an das Straßburger Institut, damit auch er sich dort über Puysegurs Methode und deren Nutzen unterrichte. Und dieser hervorragende Fachgelehrte, den einst Mesmers höchsteigene Experimente von der Heilkraft des tierischen Magnetismus nicht hatten überzeugen können, fand jetzt in dem, was er in Straßburg zu beobachten und zu prüfen Gelegenheit hatte, Lavaters glückliche Erfahrungen mit dem magnetischen Schlafwandel vollauf bestätigt. Wie jener Dr. Grob aus Appenzell in der ehemaligen baden-badischen Residenz, so trat hierauf Boeckmann in Karlsruhe auf des Markgrafen Verlangen an die Spitze derjenigen, welche sich dazu berufen fühlten, ihren leidenden Mitmenschen mittelst Magnetismus und Somnambulismus wieder aufzuhelfen. Es waren aber hier wie dort Personen aus allen Klassen und beiderlei Geschlechts, darunter der baden-durlachische Hofprediger Walz [52]) und die Gattin des markgräflichen Geheimsekretärs Griesbach, von solch menschenfreundlichen Absichten durchdrungen, und was diese stolze Schar von Magnetisten in den beiden Hauptstädten des Landes unter Grobs und vornehmlich Boeckmanns Leitung und des Landesherrn Auspicien sei es in theoretischer sei es in praktischer Ausübung der Kunst leistete, fand bald in der ganzen Markgrafschaft und in kurzem auch außerhalb derselben großen Anklang. Bei solcher Konkurrenz mußten diejenigen unter den badischen Ärzten, welche mit der neubeliebten Heilpraxis sich nicht zu befreunden vermochten, allgemach starke Einbußen erleiden. Nachdem dieselben anfangs ein jeder für sich das gemeinsame Übel vergebens bekämpft hatten, wagten sie schließlich einen Kollektivschritt allerhöchsten Ortes, indem sie ihren gnädigsten Fürsten und Herrn dringend darum baten, in seinen Landen die neue Lehre obrigkeitlich zu unterdrücken [53]). Der Markgraf wies die Bittsteller ab, legte aber eine bemerkenswerte Unparteilichkeit darin an den Tag, daß er sich folgendermaßen vernehmen ließ: „Die Sache des Magnetismus sei bis dato weder ausgemacht noch abgethan, und es sei darum ihren derzeitigen Anhängern sowohl als Gegnern der richtige wissenschaftliche Sinn zu wünschen und jener Geist der gegenseitigen Duldung, der allein aufrichtigen Forschern der Wahrheit gebühre". Auch ist zu beachten, daß Karl Friedrich sich niemals persönlich einer Magnetisation unterzogen hat. Ebenso konnte der vielfach kranke Prinz Friedrich von Lavater nicht dazu bewogen werden, gegen seine Leiden eine magnetische Kur à la Puysegur zu gebrauchen [54]).

Der weise Fürst sah alle Erscheinungen der Welt und des Lebens und so auch das Phänomen des Somnambulismus einzig darauf an, inwieweit sie geeignet seien, dem Wohle der Menschheit zu dienen, und ließ die Magnetisten in seinem Lande gewähren, so lange kein auffallendes Übel für seine Unterthanen daraus erwuchs [55]). Lavater aber, der christliche Denker, brachte, wie alles Andere im Leben, so auch den tierischen Magnetismus mit der Bibel und dem Christentum in Zusammenhang. Gleich bei seinem ersten Bekanntwerden mit der magnetischen Kurart hatte er freudetrunken ausgerufen: „Ich verehre diese neu sich zeigende Kraft als einen Strahl der Gottheit, als einen königlichen Stern der menschlichen Natur, als ein Analogon der unendlich vollkommneren prophetischen Gabe der Bibelmänner, als eine von der Natur mir selbst dargebotene Bestätigung der biblischen Divinationsgeschichten und das Mittel diese Exaltation zu bewirken"⁵⁶). Und in Ansehung des sublimen Wertes, den demnach die merkwürdige neu entdeckte Naturkraft für den **erleuchteten Christen** erhalten konnte, hatte er an den Markgrafen geschrieben: „Nur daß dieses specifische Mittel nicht zu sehr verallgemeinert, dieses köstliche Geschenk nicht zu sehr profanirt werde"!⁵⁷) Als aber in der Folge zu seinem großen Leidwesen sich herausstellte, daß die anscheinend wunderthätigen Wirkungen des Magnetismus und Hellsehens eben doch nicht in unwiderleglicher Weise seine „Lieblingsmeinung und Lehre von der noch nicht erloschenen Wunderkraft des Glaubens und von der Erkennbarkeit des Zusammenhangs der sichtbaren und unsichtbaren Welt" praktisch zu bewahrheiten vermochten, da war es auch mit seinem Enthusiasmus für Puysegurs Entdeckung vorbei. Was Lavater eben mit verzehrendem Verlangen suchte, das konnte ihm keine Zeiterscheinung und keine Thatsache darbieten. Es ging ein **faustischer Zug** durch seine **Religiosität**, ein ungeduldiges Überspringenwollen der unserer Natur gesetzten Schranken, ein aufreibendes Hinaufstreben zum Unerreichbaren.

Gegen Lavater als den einflußreichsten Verkündiger und schwärmerischen Anpreiser der neuen Lehre hatte sich indessen ein allgemeiner Sturm vonseiten der Gegner alles heilenden Magnetismus in Deutschland erhoben. Die Hauptfeinde desselben saßen in Berlin,

wo freilich ein Menschenalter später der alte Mes=
merismus seine Auferstehung feiern sollte, und es
kränkte den Züricher Weisen tief, daß die dortigen
Aufklärer ihn in ihren Pasquillen mit den allerberüch=
tigtsten Schwärmern und Schwindlern des Jahrhun=
derts, mit dem s. g. Grafen Cagliostro und dem
Leipziger Kaffeewirt Schrepfer, auf eine Stufe stellten.
Nachdem er lange zu all diesen Schmähungen und
Verleumdungen geschwiegen, stellte er endlich solchen An=
griffen seiner Widersacher die „Rechenschaft an seine
Freunde" entgegen. Mit den Worten: „Hier die
Rechenschaft! Ists möglich, daß es so weit
kömmt?" 58) übersandte Lavater die für vorurteilsfreie
Leser überzeugend geschriebene Apologie dem Mark=
grafen von Baden, der seinerseits den Empfang ihrem
Absender mit den Zeilen bestätigte: „Die mir über=
schickte Rechenschaft, obwohl sie für mich nicht nötig
ist, machte mir viele Freude, weil sie das Publikum
belehrt und böse Menschen beschämet"59). Der edel=
denkende Fürst hatte aufrichtiges Mitleid mit dem
verfolgten Gottesstreiter und hielt dafür, daß „die
Art, wie man Lavater behandelte, jeden wohlmei=
nenden und wahrheitliebenden Menschen kränken
müsse." Allein gar mancher, der die Wahrheit liebte
und es wohl meinte, mag damals bei aller Abscheu
vor dem Verfolgungssystem der ungläubigen und lieb=
losen Berliner und bei aller Sympathie für den
Züricher Gottesmann doch wie Hamann, der be=
rühmte Magus im Norden, empfunden haben, der
da meinte, es wäre Freund Lavater ebenso heilsam,

wie dem heiligen Paulo, bisweilen gestäupt zu werden⁶⁰).

Die Hochflut von Druckschriften aus jener Zeit, welche einzig den Zweck hatten, Lavater öffentlich zu diskreditieren, brachte 1787 auch das famose Protokoll zum Vorschein, welches unser Empiriker „als Sammler von Phänomenen aller Art" mehrere Jahre zuvor über die Geisterbeschwörungen des ihn in Zürich besuchenden wundersüchtigen Grafen Thun aus Wien aufgenommen hatte⁶¹). Die Indiskretion, welche hier von einem anonymen Herausgeber mit der Veröffentlichung eines alten, nur für „Auserwählte" bestimmten Lavatermanuskriptes begangen wurde, verfehlte natürlich nicht ihren Zweck. Die Enthüllungen machten sogar den Markgrafen stutzig⁶²). Doch gelang es Lavater, das „für ihn so freundschaftliche Herz" dieses Fürsten durch ein „freimüthiges vertrauliches Antwortschreiben" alsbald wieder zu beruhigen⁶³). Mit beredten Worten stellte Lavater in demselben der s. g. Magie, d. i. der elenden Kunst, Geister in der Mitternachtsstunde aus der Erde heraufzuzaubern, die er verachte, wahre Religion als echte Magie gegenüber, wahre, echte beseligende Religion, die allein nur da gedeihen könne, wo sie hervorwachse aus einem innern geistigen Bedürfnis nach Würdigkeit, mit reinen Geistern umzugehen und höherer reinerer Naturen Vertrauter zu werden. Und dieses unerkünstelte, tief in der Seele liegende, unaustilgbare Bedürfnis, das er für das Köstlichste und Heiligste in der menschlichen Natur hielt, und in dem er eine Disposition, für reell geistige Einflüsse empfänglich zu werden, erblickte, macht es dem Menschen zwar zur Pflicht „nach mehrerer Würdigkeit zu trachten"; dabei ist es aber seiner Ansicht nach geraten, „ein nil velle nil nolle zu beobachten in Sachen solcher Art". In allen diesen Punkten herrschte zwischen unsern beiden Männern volle Übereinstimmung. Während aber Karl Friedrich in dem Glauben an die Engel der heiligen Schrift, die da „ausgesandt sind zum Dienst derer, welche die Seligkeit ererben sollen", gottergeben der frohen Hoffnung lebte, auch ohne jene höhere Würdigkeit schon erlangt zu haben, „unterdessen nicht ganz ohne die Gemeinschaft oder Gesellschaft himmlischer unsichtbarer Freunde zu sein"[64]), vermochte in Lavaters Feuerseele auch die festeste Überzeugung von einem „organischen Zusammenhang des gläubigen gotterfüllten Menschen mit der ganzen Lichtnatur und Geisterwelt"[65]) nicht solche Ruhe und Zufriedenheit zu schaffen. Fast mit demselben Federzuge, in dem er sein nil velle nil nolle dem Markgrafen entwickelt, vertraut er diesem an: „Ich bitte Gott täglich: Sende mir einen Weisern, der mich lehre, was alle Weisen, die ich kenne, mich noch nicht lehren konnten; ein Mittel zum Mittel, einen Wegweiser zum Wegweiser! Sei dieser Weisere, dessen ich unaussprechlich bedarf, nun ein Sokratischer Mensch oder Genius. Der Weiseste ist mir der Göttlichste, der Reinste ist mir ein Engel, der Liebevollste mein Gott!"[66]) Das ist nicht hingebende Frömmigkeit, wie sie aus dem, was Karl Friedrich über sein „Glauben

und „Hoffen" dem Freunde damals schrieb, so wohl=
thuend hervorleuchtet, sondern der ungestüme Drang,
die Fülle der eigenen Persönlichkeit durch eine höhere
Macht zu kräftigen. Es ist ein Stück von jenem
faustischen Zug in Lavaters Religiosität, dem
wir weiter oben schon einmal begegnet sind.

Über dem Durchsprechen solch interessanter Fragen
kam das Jahr 1789 heran, in welchem Lavater die
weiter oben besprochene Cirkularkorrespondenz
eingehen ließ und an ihrer Statt seinen Freunden
eine kleine gedruckte Handbibliothek offerierte, worin
bald Auszüge aus seiner Lektüre und Stellen aus
Briefen, bald Beurteilungen nützlicher Bücher und
Antworten auf besondere Fragen, bald Gedichte und
Predigten, bald Nachrichten von merkwürdigen Per=
sonen und Anekdoten aus seinem eigenen Leben zur
vertrauten Mitteilung an die Teilnehmer gelangen
sollten [67]. Karl Friedrich wurde ein eifriger Leser
auch dieses intimsten aller Lavaterschen Geisteswerke,
und die Art und Weise, wie er sich über das darin
Gelesene Lavater gegenüber des öftern aussprach, gab
diesem zu manch neuem Artikel in demselben will=
kommenen Stoff und Anlaß [68]. Auch nannte der
Markgraf wiederholt direkt Gegenstände, die er in der
„Handbibliothek für Freunde" behandelt wissen
wollte. So stellte er ihrem Herausgeber einmal die
Frage: „Sind geheime Gesellschaften nützlich
oder schädlich? — Jesus Christus und seine
Apostel lehrten öffentlich" [69], und ferner das
Thema: „Kennzeichen, Kriterium wahrer Auf=

klärung, in was besteht es?" Am lebhaftesten aber interessierten unsern Fürsten die „treffenden und belehrend überzeugenden Bemerkungen", welche in dem alle zwei Monate erscheinenden „manuskriptlichen Druckwerke" von dem christlichen Seher über die damaligen Zeitverhältnisse gemacht wurden, namentlich seit diese so kritisch geworden waren. Solche Stellen pflegte der Regent in eigenhändig hergestellten Auszügen seinem Minister von Edelsheim, Boeckmann und andern ihm wohl vertrauten Männern mitzuteilen[70]). Ein tägliches Gebet, welches die Handbibliothek in ihrem vierten und letzten Jahrgange brachte, hat Karl Friedrich, wie er später selbst dem Verfasser desselben bekannte, in den Zeiten der Not, die bald „über ihn, seine Familie und sein liebes gutes Volk" hereinbrachen, zu dem Seinigen gemacht[71]).

Das Jahr 1791 führte unsere beiden Freunde endlich wieder einmal zusammen. Auf eine huldvolle Einladung Karl Friedrichs hin[72]) war Lavater am 6. August nach Basel gereist und am Abend des genannten Tages in den Markgräferhof daselbst gekommen. „Kaum war ich angekommen" — schreibt er in seinem damaligen Tagebuch — „und hatte den immer gleichen Herrn von Edelsheim und die Frau von Hochberg und den Prinzen Ludwig[73]) bewillkommt, so hatte ich das Vergnügen, den Markgrafen gesund und gerade so wie ehevor zu sehen. Er nahm mich sogleich in den Garten, wo wir frei und offen von mancherlei Dingen sprachen. Es ward geredet von der französischen Revolution[74]), von der Gastfreigebigkeit, die man den Flüchtlingen, solange sie sich honett aufführen, schuldig sei, von der Lächerlichkeit der politischen Egalität, wenn man sie bis zur Aufhebung aller äußerlichen Distinktion durch Machtsprüche treibe. Dann kamen wir auf das Lieblingskapitel vom Eins auf einmal thun, von der erstaunlichen Kraft des nüchternen, nur auf Ein Geschäft sich ganz zusammennehmenden Geistes, der das Gefühl hat: Ich kann, was ich können soll. Weiter ward gesprochen von dem Gesetze des Schicksals, das alle freiwilligen Aufopferungen der Liebe, der Pflichttreue hienieden schon auf eine dem geübten Beobachter unverkennbare Weise vergütet, von der unbegrenzten Allgemeinheit und Anwendbarkeit der Regel: Alles, was Ihr wollet. Dann noch von der Seltenheit und Verehrenswürdigkeit konsequenter, in allem nach denselben klaren und bestimmten Grundsätzen handelnder Menschen. Dann zum Nachtessen, ein kleiner Kreis; die äußerste Bescheidenheit der Frau von Hochberg war mir auffallend. Es ward viel von Zürich gesprochen, von Richterswyl, Freund Hotzens Thätigkeit, von dem großen Übel, bloß grammatischen Verstand ohne Geschmack des Herzens zu haben, vom Scharfsinn ohne Liebe. Nach dem Nachtessen fragte ich den Herrn Markgrafen, wie er es am morgigen Sonntag gehalten wissen wolle? Er bestellte mich auf zehn Uhr. Ich bat ihn, einige Texte auszusuchen, über die wir uns dann in seinem kleinen christlich=vertraulichen Kreise unterhalten wollten. Er schien dies gnädig zu genehmigen."

Zusammenkunft in Basel 1791.

Von den Bibelstellen, welche von Karl Friedrich seinem geistlichen Freunde am Sonntag Morgen vorgelegt wurden, lautete die erste: „Wahrlich, wahrlich, Ich sage Euch: Alles, was Ihr den Vater in meinem Namen bitten werdet, das wird Er Euch geben" (Joh. XVI, 23), die zweite war: „Das ist das ewige Leben, daß sie Dich, einzig wahrer Gott, und Deinen Gesandten, Jesus, den Messias, erkennen" (Joh. XVII, 3), und die dritte: „Freuet Euch in dem Herrn allezeit, und abermal sag' ich Euch: Freuet Euch!" (Phil. IV, 4). An des Herrn Pfarrers extemporierte Ansprachen über diese drei Texte schloß sich eine Diskussion mit ihm über das eben Vernommene an, wobei der Markgraf u. a. „die stärksten Einwendungen, die man gegen Gebetserhörungen machen kann, so gut und treffend wie möglich (nämlich nicht in seinem Namen)" vorbrachte.

Auch noch den Sonntag Abend und am andern Tag war es dem Seelenfreunde vergönnt, des Fürsten und seiner Familie persönlichen Umgang zu genießen. Am Sonntag Abend besichtigte man gemeinsam — es waren diesmal auch Lavaters Frau und Lieblingstochter und deren Wirt Sarasin[75]) dabei — auf Freund Merians[76]) lieblichem Landgute in Wenken dessen englische Gartenanlagen und Kunstschätze. Auf der Heimfahrt ward vom Verkehr mit Geistern, von verschiedenen Arten von Offenbarungen Gottes, von Swedenborgs Visionen gesprochen. Am Montag nahm der Züricher Gast an der Mittagstafel im markgräflichen Palais teil. Die Unterhaltung kam bald wieder auf Swedenborg. Beim Abschiednehmen nach dem Essen rühmte Lavater im Gespräch mit der Frau von Hochberg ihres durchlauchtigsten Gemahles immer gleichförmige Lernbegier, seine edle Gutmütigkeit, seine kristallhelle Redlichkeit und sich nie verleugnende Bescheidenheit, und einige Stunden später nannte er auf der Heimreise seinem Herzensfreunde Cuninghame im Rothaus bei Basel[77]) unter den andern preiswürdigen Eigenschaften des Markgrafen auch dessen „den Fürsten so seltene Gabe zu hören und mit Absicht zu fragen". Die Freundschaft zwischen Lavater und Karl Friedrich von Baden stand auf ihrem Höhepunkte.

Sie hatte diesen erreicht zu einer Zeit, da die Welt lange nicht mehr so wie in den siebziger und achtziger Jahren für Lavater sich interessierte und für ihn schwärmte. Die Begeisterung für ihn hatte in dem Grade allmählich abgenommen, in welchem in seiner Religiosität jener von uns wiederholt berührte faustische Zug immer entschiedener und kühner hervorgetreten war. Zugleich spannte der Prophet seinen Offenbarungsglauben um so höher, je „stärker ihm das Übel des Unglaubens um sich zu greifen[78]) schien". War sein Schmachten nach höherer Offenbarung bisher noch bescheidene Hoffnung oder nur zeitweilig aufflackerndes Begehren gewesen, wurde es jetzt heißer Drang und dringende Zuversicht, und dieser glühende Durst nach sinnlicher Erfassung des Überirdischen verließ ihn fortan nicht mehr. Ja, Lavater zehrte sich darüber auf, soviel sanguinische Heiterkeit auch ursprünglich in ihm lag. Als Fritz Stolberg nach 16 Jahren den Freund in Zürich wieder sah, fand er denselben schrecklich gealtert und schrieb am 31. August 1791 an Jacobi: .... „1775 sah er jünger aus, als er war; jetzt sollte man ihm etliche sechzig geben. .... Er strengt seine innere Sehe fürchterlich an, um in unserer Mondscheinnacht andere als reflektirte Sonnenstrahlen zu sehen. Das ists, was ihm das Gesicht so durchfurcht. Die Neckereien seiner Feinde fechten ihn wenig an"[79].

Nicht lange darauf aber ward die bedenkliche Spannung in Lavater noch verstärkt durch einen neuen Impuls, den sein Genie für das Unsichtbare empfing. Der Prinz Karl von Hessen-Kassel, der Schwiegervater des künftigen Dänenkönigs Friedrich VI., war in Kopenhagen an die Spitze einer Gesellschaft getreten, die da behauptete, mit dem Apostel Johannes, über den Christus dereinst das Wort: „Dieser Jünger stirbt nicht!" (vgl. Joh. XXI, 22 u. 23) gesprochen, viel Umgang zu haben und vom Herrn selbst immediate positive Antworten zu erhalten[80]. Bald stand Lavater mit diesem seltsamen Kreise in einem lebhaften Briefwechsel voll Liebes- und Glaubensglut, und im Jahre 1793 weilte dann der Prophet des verwegensten Empirismus in persona mitten unter den Geistersehern im fernen Norden[81].

Zum großen Leidwesen des Markgrafen konnte Lavater auf dem Rückwege von Kopenhagen nicht „über Karlsruhe kommen oder dem Fürsten anderswo ein Rendez-vous geben"[82]). Lavater war „es aber auch so zufrieden"[83]), weil seine wichtige Reise nach dem Norden keineswegs für die Ruhe seiner Seele von dem Erfolge gekrönt war, den ihm besonders zwei Häupter der nordischen Bruderschaft, der dänische Staatsminister A. P. von Bernstorff und dessen Gemahlin Auguste Luise, eine Schwester des Stolbergischen Dichterpaares, so zuversichtlich in Aussicht gestellt hatten. Immerhin gab Lavater die Sache nicht auf, sondern er verfolgte vielmehr das Phänomen mit der gespanntesten Aufmerksamkeit, und da die Briefe, welche nach seiner Heimkehr bei ihm aus Kopenhagen und Gottorp, dem Wohnsitze des Oberhauptes der nordischen Geisterseher, einliefen, immer wieder aufs neue „die heiligsten Versicherungen von Täuschungsunmöglichkeit und zugleich fortwährend neue außerordentliche Beweise der Gegenwart des Herrn" enthielten, so begann sein „nach unmittelbarer Gemeinschaft mit der Gottheit" damals mit jedem Tage heißer dürstendes Herz bald wieder frische Hoffnung zu schöpfen. „Ach, daß ich mit Ihnen sprechen könnte!" schrieb er nach Empfang solch „überzeugungsvoller, glaubenstärkender Briefe aus dem Norden" zu wiederholten Malen an seinen „mitharrenden christlichen Freund" in Karlsruhe[84]). Allein die Zeitverhältnisse hatten sich indessen namentlich auch für Baden so unglücklich gestaltet, daß die Möglichkeit einer Wiederbegegnung mit dem Markgrafen in weite Ferne gerückt schien.

Im Jahre 1794 geschah es gar, daß Lavater in

seinem eigenen Hause ein Orakel zu besitzen wähnte,
dessen Antworten er um so größern Glauben schenkte,
je auffallender die Uebereinstimmung war, welche
zwischen ihnen und den Aussagen der nordischen
Freunde herrschte [85]). Als aber der hellsehende Knabe,
aus dessen Munde Lavater die göttlichen Offenbarungen
zu erhalten vermeinte, bald vom nahen Tode seines
Herrn und Befragers zu reden begann, fand dieser
darin nur die Bestätigung einer „von ihm unabtreib=
lichen Ahnung, daß er nicht mehr lange auf diesem
Schauplatz der Täuschung und Zerrüttung verweilen
werde", und dies im Verein mit zunehmender Kränk=
lichkeit veranlaßte Lavater, sehr ernsthaft an sein Ende
zu denken [86]). „Ich suche mich zu entladen", schrieb
er bei der Neige des Jahres 1795 an den Markgrafen
von Baden, „alles in Ordnung zu bringen und be=
sonders noch für meine Freunde wirksam zu sein" [87]).
Und der gutherzige Fürst brachte trotz der vielen
außerordentlichen Ausgaben, welche die damalige
schlimme Lage seines Hofes ihm verursachte, einen
Teil der interessanten Lavaterschen Sammlungen
käuflich an sich [88]) und trug durch diesen Kauf nicht
wenig mit zur Beruhigung des sein Haus bestellenden,
ihm lieben Mannes bei.

So oft aber im Laufe des Jahres 1796 „etwas
von der dem Markgrafen zugedachten Portion aus
Lavaters Kabinette" bei Karl Friedrich eintraf, enthielt
die Bildersendung zugleich irgend einen schriftlichen
Wink von den sonderbaren geistigen Dingen, welche
damals in Lavaters Hause vorgingen, sei es von einer

Vision, die jemand auf dessen Zimmer gehabt, oder von etwas anderm „ebenso Unglaublichen als Thatsachgewissen", das bei ihm vorgefallen war[89]). Solche geheimnisvollen Andeutungen über vermeintliche Aufschlüsse aus der unsichtbaren Welt mußten in Karl Friedrich den Wunsch immer reger machen, Freund Lavater wieder einmal sehen und sprechen zu können[90]). Leider aber wuchs mit diesem Verlangen des Fürsten auch immer mehr die Aussichtslosigkeit, dasselbe in der nächsten Zeit erfüllt zu sehen, bis gar die Kriegsläufte den Vater des Vaterlandes zu seinem Lande hinaus ins ferne Ansbach trieben[91]). Und als Karl Friedrich von hier aus den „außerordentlich Begnadigten" um weitere briefliche Nachrichten über „das, was sich bei ihm Geistiges zugetragen", anging[92]), empfing er von diesem statt der gewünschten Berichte die seine Wißbegierde erst recht anreizenden Zeilen: „Ich muß über die wichtigsten Dinge athemlos schweigen! .... Vielleicht, wenn wir uns sähen, dürfte ich was sagen"[93]).

Da schien es 1797 endlich zum lang ersehnten Frieden unter den kriegführenden Mächten zu kommen und mit dieser Aussicht auch eine Zusammenkunft unserer beiden Freunde wieder ins Bereich der Möglichkeit zu fallen. Aber während noch der Rastatter Friedenskongreß tagte, brach in der Schweiz der Krieg bereits aufs neue aus. Daher mußte Lavater im Sommer 1798 ein huldreiches Anerbieten „seines alten guten Freundes", zu ihm und der Frau von Hochberg ins Bad nach Badenweiler zu kommen[94]), ausschlagen, „so gern er auch den Markgrafen und dessen Gemahlin wieder gesehen hätte, so viel durch keine Schriften Mitteilbares er Karl Friedrich auch zu sagen hatte." Doch hoffte er, daß sie sich hienieden bald wieder sehen würden [95]). Diese Zuversicht sollte jedoch bitter getäuscht werden.

Am 26. September 1799 traf den nimmer müden Patrioten in Zürich die tötliche Kugel eines trunkenen französischen Grenadiers. Gleich das erste Schreiben, welches Lavater nach seiner Verwundung wieder an den Markgrafen richtete, fing mit den Worten an: „Vermuthlich ist dies der letzte Brief, den ich an Ihre Durchlaucht anhebe . . . ." und schloß also: „Noch hab' ich vor meinem Ende Ihrer Durchlaucht zu danken für alles Wohlwollen und alle Wohlthaten gegen mich und für Ihre immer gleich treue sich nie verleugnende Freundschaft . . . . Noch Manches hätt' ich Ihnen zu sagen. Ich muß enden, mich Ihrer christlichen Lieb' und Fürbitte empfehlend. Könnt ich Ihnen hienieden noch ein Freudchen machen, so eilen Sie, es mir zu sagen" [96]). Nachdem der Fürst mit innigster Wehmut die wie ein Abschiedsgruß auf immer lautende Epistel des frommen Dulders gelesen, schrieb er an denselben in einem liebreichen christlichen Antwortschreiben u. a. folgendes: „Die Freunde der Religion sollten einen Lavater nach schweren Leiden in dieser Zeit verlieren? Das würde schmerzhaft für Ihren alten Freund sein! . . . . . . Schenkt Sie uns Gott wieder, wie ich hoffe, so wollen wir ihm danken und uns freuen. Dann sehe ich

Sie doch noch wieder in diesem Leben! Ich werde Sie nie nie vergessen, gedenken Sie meiner hier wie dort . . . ."⁹⁷). Was fortan Lavater dem Markgrafen brieflich mitzuteilen hatte, konnte er nur mit Mühe diktieren und mit äußerster Beschwerde unterschreiben⁹⁸). Er übersandte dem Fürsten noch seine „kurze und letzte Ansprache an die Petrinische Gemeinde", sein wohlgetroffenes Bildnis aus allerletzter Zeit, sowie einige Denksprüche⁹⁹), da Karl Friedrich mit solchen von dem Sterbenden noch erfreut zu werden wünschte¹⁰⁰). Durch des Sohnes Hand, dem er einst auf des Vaters Ansuchen den Titel eines hochfürstlich badischen Legationsrates verliehen¹⁰¹), empfing der Markgraf im Anfang des Jahres 1801 die traurige Nachricht vom Hinscheiden Lavaters und einen Bericht über die letzten Tage und Lebensstunden des Entschlafenen¹⁰²), und wenn uns auch nicht Karl Friedrichs Kondolenzschreiben an seinen Legationsrat es sagte, so würden wir doch dessen gewiß sein, „daß ihm der Tod des Rechtschaffenen sehr nahe ging, an welchem er einen wahren Freund verloren hatte"¹⁰³).

Lavater war, so eindringlich und tiefblickend er auch vor gewissen Verirrungen des Mysticismus warnt¹⁰⁴), dennoch in seinem Leben einer Hauptgefahr jeder, auch der edelsten, Mystik nicht entgangen, dem Drange zu viel schauen und genießen zu wollen, und er hatte ins Grab sinken müssen, ohne daß er seinem Vertrauten in Karlsruhe noch vorher hatte das mündlich mitteilen können, was er demselben über seine wichtigen

Schlußbetrachtung. 33

Glaubenserfahrungen während der letzten Lebensjahre nicht hatte schreiben dürfen. Daß aber Karl Friedrichs Religiosität mit „einem Fürwahrhalten dessen, was man nicht sieht", sich nicht mehr begnügen wollte, daß auch er bereits nach Thatbeweisen, welche ihm „das Geglaubte klarer darstellen und bestätigen sollten", verlangend ausblickte, und daß er in solchem Sehnen schließlich dem von ihm auserlesenen Wegweiser zur Wahrheit auch da zuversichtsvoll sich anschloß, wo dessen Glaube in Wahn, sein Christentum in Geisterseherei sich verirrte, zeigt uns, wie tief der „edle, verstandreiche, christliche Fürst" mit der Zeit in Lavaters Ideenkreis hineingezogen worden war, wie bedenklich er in die Extravaganzen des Züricher Propheten sich verstrickt hatte. Die unwiderstehliche magische Gewalt, mit der Lavater die Geistes- und Glaubensverwandten im Sturm zu gewinnen pflegte und selbst anders geartete Naturen — es sei hier nur an Goethes Genius erinnert — geraume Zeit zu fesseln vermochte, jene an ihm vielbewunderte Welt- und Menschenüberwindende Macht hatte nur langsam und in der Stille, aber desto sicherer auf das Innerste des Markgrafen eingewirkt. Nimmer aber würde wohl diese Einwirkung auf Karl Friedrichs Seelen- und Glaubensleben eine so tiefgehende und einschneidende gewesen sein, wenn Karoline Luise, deren reicher Geist keine mystische Ader aufzuweisen hatte, wenn sie, die Korrespondentin eines Voltaire [105]) und Verehrerin Buffons und d'Aubentons, ihrem erlauchten Gatten länger er-

Fund, Lavater. 3

halten geblieben wäre. So aber war infolge des allzu frühen Hinscheidens der Frau Markgräfin nur zu bald das wirksamste Gegengewicht, das bei dem weisen und frommen Fürsten gegen die Übergewalt der Lavater= schen Einflüsse sich hätte geltend machen können, außer Kraft getreten. Das enge Freundschaftsverhältnis aber, welches so viele Jahre hindurch zwischen Lavater und seinem hohen Brief= und Umgangsgenossen in Karlsruhe bestund, nimmt unter den bedeutenderen Freundschaften des berühmten Zürichers eine bevorzugte Stelle schon deshalb ein, weil es nicht wie so manche derselben — wir erinnern hier nur an des Propheten vertrautes Verhältnis zu Goethe und zur Fürstin von Dessau — Schiffbruch gelitten, sondern immer Stand gehalten hat. Daß es aber zwischen unsern beiden außerordent= lichen Männern zu einer so innigen und dauernden Herzensgemeinschaft kommen konnte, ist in erster Linie der Eigenart des Fürsten zuzuschreiben, dessen innerstes Leben im Verkehr mit Lavater erschlossen ward.

Anmerkungen.

¹) Lavater traf allerdings nur noch die Frau Hofrätin, Goethes Schwester, damals in Karlsruhe. Schlosser selbst hatte bereits am 10. VI. 74 von Emmendingen aus seine dahin vollzogene Übersiedlung Lavater angezeigt, dieser war jedoch bei dem Eintreffen des Briefes in Zürich bereits auf der Reise begriffen. Wir entnehmen dies alles teils Schlossers Briefen vom 10. VI. und 11. VII. 74 an Lavater, teils einem noch vorhandenen Fragment von Lavaters Reisejournal 1774. Dieses Fragment war in den von uns benützten Teilen bisher noch ungedruckt (Salomon Hirzel hat in seinem Privatdruck „Briefe an helvetische Freunde", 1867, S. 25 ff. nur „die Fahrt auf der Lahn am 18. VII. und auf dem Rhein bis Köln am 20. VII. 74" daraus mitgeteilt). Dem Tagebuch zufolge hielt sich Lavater damals vom Abend des 19. VI. bis zum Morgen des 22. VI. in Karlsruhe auf. Fecht, Geschichte der Haupt- und Residenzstadt Karlsruhe, Karlsruhe 1887, S. 327 setzt Lavaters ersten Aufenthalt am badischen Hofe fälschlich in den August des Jahres 1774.

²) „Karl Friedrich von Baden an Klopstock, den 3. VIII. 74", zuerst mitgeteilt in Chr. Fr. Dan. Schubarts deutscher Chronik auf das Jahr 1775, S. 37 und 38; vgl. D. F. Strauß „Klopstock und der Markgraf Karl Friedrich von Baden", Kleine Schriften, Leipzig 1862, S. 30 und Erich Schmidt „Ein Höfling über Klopstock", in der Wochenschrift Im neuen Reich 1878 II, Nr. 47 S. 741 ff.

³) Vgl. Funck, Beiträge zur Wielandbiographie, Freiburg i. Br. und Tübingen 1882, S. 12, ferner Bernhard Seuffert, in Schnorrs Archiv für Literaturgeschichte 1884, S. 606 ff. und

Funck, in der Festschrift der badischen Gymnasien, gewidmet der Universität Heidelberg zur Feier ihres 500jährigen Jubiläums, Karlsruhe 1886, S. 121 und 132.

⁴) In Lavaters unter ¹) angeführtem Reisetagebuch findet sich bei den Aufzeichnungen vom ersten Karlsruher Tage, Sonntag, den 19. VI. 74, die Notiz: „Schrieb nach meiner Zurückkunft (nämlich zu Frau Hofrat Schlosser) eins an Goethe, weil mir seine Schwester sagte, daß er mich schon auf den Sonntag erwartet."

⁵) Da das von uns benützte Tagebuchfragment den zweiten Aufenthalt Lavaters in Karlsruhe im Jahre 1774 nicht mehr enthält, müssen wir uns inbetreff dieses mit dem begnügen, was Georg Geßner über denselben aus dem ihm noch vollständig vorgelegenen Reisejournal seines Schwiegervaters mitteilt; s. Georg Geßner, J. K. Lavaters Lebensbeschreibung, Zweiter Band, Winterthur 1802, S. 142.

⁶) Nach einer Notiz in Fr. D. Rings handschriftlichem Quodlibet 1803, welche bereits von Erich Schmidt „Briefe von Herder an Ring", in der Wochenschrift Im neuen Reich 1879 I, Nr. 26 S. 1000 mitgeteilt ist.

⁷) Das Thema von Herders damaliger Predigt erfahren wir aus dem unter ¹) näher bezeichneten handschriftlichen Tagebuch Lavaters.

⁸) Worte Lavaters in seinem mehrerwähnten Tagebuchmanuskript, dem auch das zunächst folgende wieder entnommen ist.

⁹) Wilhelm von Edelsheim, 1736—1793, seit 1758 im Badischen ansässig. Es ist derselbe Edelsheim, der mit Klopstock Briefe wechselte, von dessen Interpreten aber, so von Lappenberg, Briefe von und an Klopstock, Braunschweig 1867, S. 266 coll. 510 und von Redlich, in der Wochenschrift Im neuen Reich 1874 II, Nr. 35 S. 340, mit seinem jüngeren Bruder Georg Ludwig von Edelsheim, 1740—1814, der erst 1784 in badische Dienste trat, verwechselt wird. — Derselben Verwechslung begegnen wir auch in G. von Loepers Kommentar zu Goethes Dichtung und Wahrheit, Vierter Teil, S. 183 coll. 302.

Anmerkungen. 37

¹⁰) Aus der dem „Ersten Versuch der physiognomischen Fragmente" vorgedruckten Zueignungsschrift „An Herrn Carl Friederich Marggrafen zu Baaden", die noch ganz in der begeisterten Stimmung des Eindruckes, den Lavater vom badischen Hofe in die Heimat mitgenommen, niedergeschrieben ist, finden sich die bezeichnendsten Stellen in den Biographien des Markgrafen angeführt; f. C. F. Nebenius, Karl Friedrich von Baden, herausgegeben durch Fr. von Weech, Karlsruhe 1868, S. 258 und A. Kleinschmidt, Karl Friedrich von Baden, Heidelberg 1878, S. 87.

¹¹) Lavater an Karl Friedrich, den 25. III. 75: „An Herrn Reichen in Leipzig hab' ich heute geschrieben, daß er Ihrer Hochfürstlichen Durchlaucht das allererste fertige Exemplar der physiognomischen Fragmente zuzusenden die Ehre haben soll." — Für das ihm vom Verleger zugesandte Exemplar bedankte sich der Markgraf bei Lavater den 16. VI. 75; er schreibt hier u. a: „Über die allzu verbindliche Zueignungsschrift hätte ich beinah erröthen können, wenn sie nicht so unterrichtend für mich wäre."

¹²) Es geschah dies am 25. III. 75. Der betreffende Brief Lavaters hat sich nicht mehr im Original vorgefunden, ist aber in einer saubern Abschrift im Nachlasse Lavaters noch erhalten. — Lavater hatte nämlich die Gepflogenheit, bei seinen bedeutenderen Korrespondenzen von den abzusendenden Originalen Kopien anfertigen zu lassen, die er sorgfältig aufhob, und die sich zum großen Teile bis auf den heutigen Tag erhalten haben. — Die in Lavaters Nachlaß sich findenden Abschriften von seinen Briefen an den Markgrafen von Baden mußten uns bis in das Jahr 1783 hinein an Stelle der Originalbriefe dienen, da solche erst von dem genannten Jahre an, d. h. von dem Zeitpunkte an sich erhalten haben, wo, wie wir sehen werden, zum erstenmale eine größere Annäherung zwischen unsern beiden Männern stattfand.

Aus Lavaters Briefwechsel mit dem Markgrafen Karl Friedrich von Baden sind bisher nur elf Briefe Lavaters an den Markgrafen aus den Jahren 1792—1800 zum Abdruck gelangt; s. Nebenius, Karl Friedrich von Baden, herausgegeben durch Fr. von Weech, Karlsruhe 1860, S. 278 ff. coll. S. 258 und Vorwort IX. Dabei ist von den Stücken abgesehen, die Lavater selbst aus seiner Korrespondenz mit Karl Friedrich, meist ohne Nennung des Abressaten und nicht immer wortgetreu, publiziert hat; s. Lavaters Monatsschrift „Antworten auf wichtige und würdige Fragen und Briefe weiser und guter Menschen", Erster Band, Berlin 1790, Erstes Stück, S. 86—98, Drittes Stück, S. 214—217 und 257—259 „Swedenborg", ferner „Handbibliothek für Freunde", 1792 IV, S. 276—277, 1793 I, S. 107 Nr. 2 und S. 108 Nr. 3 und endlich „Monatblatt für Freunde", 1794 X, S. 45, 46. — Aus den Briefen des Markgrafen an Lavater ist bis jetzt noch gar nichts, auch durch Lavater nichts, veröffentlicht worden.

[13]) Vgl. Goethes Dichtung und Wahrheit, Vierter Teil, 18. Buch und G. von Loepers Nachweisungen dazu, Berlin, Gustav Hempel, S. 182 und 183.

[14]) Friedrich Leopold Graf zu Stolberg an Klopstock, Strasburg, den 24. V. 75; s. Lappenberg, Briefe von und an Klopstock, Braunschweig 1867, S. 260 coll. 506 und Redlich, in der Wochenschrift Im neuen Reich 1874 II, Nr. 35 S. 339.

[15]) Vgl. Ludwig Hirzel „Goethes Beziehungen zu Zürich", im Neujahrsblatt der Stadtbibliothek in Zürich auf das Jahr 1888, S. 6 und von der Hellen, Goethes Anteil an Lavaters physiognomischen Fragmenten, Frankfurt a. M. 1888, S. 123.

[16]) Lavater an Karl Friedrich, den 24. VI. 75: „ ... Unter meinen Piis desideriis ist auch die Silhouette des Königs in Preußen und des Kronprinzen. Wäre es nicht möglich, sie durch die Kronprinzessin zu erhalten, oder dürfte meine Armseligkeit deßwegen durch meinen besten Fürsten ein Briefchen schreiben? ..."

[17]) Vgl. Hosäus „J. K. Lavater in seinen Beziehungen zu Herzog Franz und Herzogin Luise von Anhalt-Dessau", in den Mitteilungen des Vereins für Anhaltische Geschichte und Altertumskunde, Fünfter Band, Viertes Heft, Dessau 1888,

Anmerkungen.

S. 202 ff. und 245 ff. und Georg Geßner, J. K. Lavaters Lebensbeschreibung, Zweiter Band, Winterthur 1802, S. 309. — Ein Datum für diesen 1782er Aufenthalt Lavaters am badischen Hof giebt Lavater an Karl Friedrich, den 15. II. 83: „.... Ich gebe die Hoffnung nicht auf, eine herzliche Stunde, wie die war, da Ihre Durchlaucht, Franz von Anhalt, Herr von Edelsheim und meine Wenigkeit den 10. Julius 1782 Abends um 9 Uhr beisammen saßen, in Zürich zu genießen ...."

[18]) Der Brief ist nicht mehr im Original vorhanden, es hat sich aber von ihm in Lavaters Nachlaß eine Kopie erhalten, welche von Lavaters Hand dessen Namen und das Datum trägt. Aus dieser Abschrift hat Mörikofer „Lavater im Verhältniß zu Göthe", im Zürcher Taschenbuch auf das Jahr 1878, S. 15 ff. einen Auszug gegeben, in welchem die für uns in Betracht kommenden Stellen aus Lavaters merkwürdigem Briefe vom 10. VIII. 82 bereits wörtlich zum Abdruck gelangt sind.

[19]) Ueber den Prinzen Friedrich von Baden, 1756—1817, handelt ausführlich Gehres, Kleine Chronik von Durlach, Zweiter Theil, Mannheim 1827, S. 212—230. — Lavater schreibt über den Prinzen in seinem unter [1]) angeführten Tagebuch-manuskript aus dem Jahr 1774 u. a.: „Er zeigte eine ungemeine Freude mich zu sehen und mit mir über einige Punkte besonders in den „Aussichten" sich zu unterhalten. Wirklich war das eine ausgezeichnete angenehme Stunde .... Er wünschte sehr die Fortsetzung des (geheimen) „Tagebuchs" ... Prinz Friedrich, viel unschuldig natürlicher, wenngleich bei weitem nicht so majestätisch schön, wie der Erbprinz ... Sprachen von dem Markgrafen, von dem Prinzen Friedrich, der ein excellenter Mann ist, von dem Erbprinzen, dem schönsten Manne, den ich je gesehen habe." — Aus Lavaters Korrespondenz mit dem Prinzen Friedrich von Baden, von der noch Briefe aus den Jahren 1782—1798 sich erhalten haben, ist bis jetzt noch nichts veröffentlicht worden.

[20]) Während Karl Friedrich bis dato sich regelmäßig als Lavaters „ganz affectionirter K. F." unterzeichnete, unterschreibt er sich nach Lavaters diesmaligem Besuch bei ihm „Ihr wohl-

affectionirter und wahrer Freund K. J." und jenes „Ihr ganz affectionirter" kommt von nun an überhaupt nicht mehr vor.

[21]) Wucherer, „Dem Andenken Böckmanns gewidmet", Carlsruhe 1803, S. 10 macht diese drei Männer namhaft und außerdem den Major Burdett (einen Engländer, der seit 1775 in des Markgrafen Diensten stand).

[22]) Georg Geßner, Lavaters Lebensbeschreibung, Zweiter Band, Winterthur 1802, S. 326. — Als Augen= und Ohrenzeuge spricht von Lavaters Aufenthalt in Langensteinbach im Sommer 1783 F. L. Brunn, Briefe über Karlsruhe, Berlin 1791, S. 114 und 115.

[23]) Das in den Jahren 1768—1778 erstmals herausgekommene Werk Lavaters „Aussichten in die Ewigkeit, in Briefen an Herrn J. G. Zimmermann, kgl. großbritannischen Leibarzt in Hannover" war eben erst (1782) in vierter verbesserter Auflage erschienen.

[24]) Vgl. Lavater an Goethe, den 10. VIII. 82, im Auszug mitgeteilt von Mörikofer „Lavater im Verhältniß zu Göthe", im Zürcher Taschenbuch auf das Jahr 1878, S. 16. — S. auch oben [18]).

[25]) Lavater an die Erbprinzessin von Baden, den 16. VII. 83. — Das Original des Briefes fehlt; wir verdanken den Text desselben einer im Lavaterschen Nachlasse befindlichen Kopie.

[26]) Amelie, E. P. zu Baden, an Lavater, den 31. VII. 83.

[27]) Georg Geßner, Lavaters Lebensbeschreibung, Zweiter Band, Winterthur 1802, S. 329 widmet diesem Aufenthalt Karl Friedrichs bei Lavater in Zürich 1783 nur die Worte: „Gerade um diese Zeit langte der Markgraf von Baden mit dem Erbprinz und der Erbprinzessin in Zürich an. Natürlich, daß Lavater ihnen so viel wie möglich von seiner Zeit widmete." — Daß aber Prinz Friedrich und Edelsheim sich auch in des Markgrafen Begleitung befanden, erfahren wir aus des Prinzen und des Ministers Korrespondenzen mit Lavater.

[28]) Die Intimität, welche gerade in diesem, noch un= gedruckten, Briefwechsel herrscht, macht besonders die Schreiben Edelsheims daraus zu einer für uns wertvollen Quelle.

²⁸) Was wir vom 10. August berichten, ist einem Brief des Prinzen Friedrich von Baden an Lavater und einer Aufzeichnung der Fürstin Luise von Dessau entnommen. Der Prinz schreibt den 3. IX. 83 an Lavater: „Der 10. August und Ihre Worte über Philippi, Kap. 3: »Unser Wandel ist im Himmel« schwebt mir immer in den Gedanken; ich sehe Sie, ich höre Sie mit der überzeugenden Stimme die Wahrheit verkündigen, die Sehnsucht beschreiben, die Sie in die Herzen übertrugen nach dem Heiland, auf welchen wir warten zur Verklärung unseres schlechten nichtigen Leibes...." Was sich die Fürstin von Dessau von diesem 10. August aufgezeichnet hat, s. Hosäus „J. K. Lavater in seinen Beziehungen zu Herzog Franz und Herzogin Luise von Anhalt-Dessau", in den Mitteilungen des Vereins für Anhaltische Geschichte und Altertumskunde, Fünfter Band, Viertes Heft, Dessau 1888, S. 204²).

³⁰) Dies entnehmen wir den Briefen, welche bei dem im nächsten Frühjahr erfolgten Ableben des Pfarrers Däniker in Oberried von Lavater mit dem Markgrafen und dem Prinzen Friedrich von Baden gewechselt wurden.

³¹) Dies geht aus Lavaters Korrespondenzen mit dem Markgrafen, dem Prinzen Friedrich und Edelsheim hervor. Ebenso ist aus diesen Korrespondenzen ersichtlich, daß auf der Tour nach Richterswyl der Fürst von Dessau dabei war, und wenn wir mit dieser Thatsache folgende Aufzeichnung der Fürstin von Dessau (s. Hosäus l. c. S. 204) zusammenhalten: „Am 12. August war der Fürst wieder in Zürich und kam am 14. August nach Baden zurück", so erhalten wir annähernd das Datum für Lavaters Richterswyler Partie mit seinen hohen Besuchern.

³²) Ueber die Herstellung und die Kosten dieses Bildes erfahren wir aus den Korrespondenzen Lavaters mit Edelsheim, dem Prinzen Friedrich und dem Markgrafen das Nähere. — Über Heinrich Freudweiler selbst s. Füßli, Allgemeines Künstlerlexikon, Zürich 1806, S. 390, 391. — Aus einem Brief Edelsheims an Lavater vom 14. XI. 83 ersehen wir, daß die fürstlich dessauische Familie während ihres Auf-

enthaltes in der Schweiz auch von Heinrich Freudweiler gemalt wurde; dies zur Ergänzung der von Hosäus l. c. S. 205[1]) mitgeteilten Aufzeichnung der Fürstin: „Am 24. August malte der Zürcher Maler uns alle auf einem Bilde."

[33]) Prinz Friedrich an Lavater, den 3. IX. 83.

[34]) Lavater an Karl Friedrich, den 4. X. 83: „Ich weiß wahrlich nicht, mein durchlauchtiger Gönner, ob ich wache oder träume, da ich so eben einen Wagen mit drey grossen Fässern Weins vor meinem Hause sehe . . . ." Karl Friedrich an Lavater (undatiert, aber vermutlich Ende Oktober 83 geschrieben): „Nehmen Sie doch den Wein als eine Fürsorge vor Ihre Gesundheit von mir an und sehen Sie es als eine kleine Gabe eines Freundes an, der Sie gewiß recht hoch schätzet und liebet." S. auch Geßner, Lavaters Lebensbeschreibung, Zweiter Band, Winterthur 1802, S. 331.

[35]) Lavater an Karl Friedrich, den 29. VII. 1800; s. Nebenius, Karl Friedrich von Baden, Karlsruhe 1868, S. 284.

[36]) Noch auf der Rückreise von Zürich schrieb Edelsheim den 19. VIII. 83 von Bern aus an Lavater: „. . . Alles ist wohl und der Markgraf sehr ruhig. Empfangen Sie seinen herzlichsten Gruß, und von mir, lieber Lavater, was das Herz giebt."

[37]) Einer von diesen Briefen ist an Edelsheim gerichtet und später von Lavater, ohne Nennung des Adressaten, auszugsweise veröffentlicht worden; s. Lavaters Monatsschrift „Antworten auf wichtige und würdige Fragen und Briefe weiser und guter Menschen", Erster Band, Berlin 1790, Zweites Stück, S. 123—124 Nr. XI „Was die Schrift von der Versöhnung lehrt". Und es gehört dieser auf Lavaters Brief an Edelsheim beruhende Aufsatz zum Besten in dem betreffenden Hefte; s. auch Allgemeine Bibliothek, 92. Band, Zweites Stück, S. 580 ff., wo der Recensent seinem Lobe des genannten Aufsatzes die Worte beifügt: „Die Dogmatiker allerdings werden das für Socinismus halten." — Von diesem Briefe Lavaters an Edelsheim sowohl wie von seinen damaligen Zuschriften an den Markgrafen selbst wurden auf die Nachfrage der Fürstin von Dessau hin (Karl

Anmerkungen.

Friedrich an Lavater, den 15. XII. 83) mit Genehmigung des Autors (Lavater an Karl Friedrich, den 20. XII. 83: „Ich glaube es macht ihr, und durch sie dem Fürsten Vergnügen.") Excerpte nach Dessau gesandt. S. auch Hosäus l. c. S. 210, 211 und S. 252. — Edelsheim antwortete auf jenes unter dem 7. XI. 83 an ihn gerichtete Schreiben Lavaters diesem am 14. XI. 83 u. a.: „. . . Ihre Lehre von Christus und von der Entsündigung soll nie aus meinem Herzen weichen. Ja freilich ist er und er allein die wirkende Ursache in Ewigkeit. Aber Gott allein die Ehre."

38) Edelsheim an Lavater, Karlsruhe den 28. X. 83.

39) Ausführlicheres über Lavaters Bedeutung s. Heinrich Gelzer, Die neuere Deutsche National=Literatur nach ihren ethischen und religiösen Gesichtspunkten, Zweiter Theil, Zweite Auflage, Leipzig 1849, S. 69 ff. — Vermöge einer gewissen Congenialität verstand es dieser Litterarhistoriker, den Propheten von Zürich in seiner Größe wie in seinen Schwächen besser zu würdigen als andere Litteratoren.

40) Karl Friedrich an Lavater, den 17. I. 84: „. . . Ich will dieses Mal sonst nichts sagen, ich hoffe aber, wann mir Gott Leben und Gesundheit gibt, Sie auf künftigen Sommer zu sehen, dann läßt sich mehres sagen, und ich weiß, Sie theilen gern mit von dem, was Ihnen gegeben ist."

41) Lavater an Karl Friedrich, Richterswil, den 9. III. 84. — Auch Prinz Friedrich war von den „Betrachtungen" sehr eingenommen; er schrieb den 15. III. 84 an Lavater: „. . . Mit der heißesten Sehnsucht warte ich auf den zweiten Band der Betrachtungen über die Evangelien, dessen erster Theil ein wahrhaftes Erbauungs=, Bet= und Lehrbuch für mich ist." — Über alle drei in unserm Aufsatze genannten religiösen Werke Lavaters s. Geßner, Lavaters Lebensbeschreibung, Zweiter Band, Winterthur 1802, S. 335—353, Muncker, J. K. Lavater, Eine Skizze seines Lebens und Wirkens, Stuttgart 1883, S. 47—53; über den Pontius Pilatus aber insbesondere s. Lavaters Selbstkritik seiner Schriften in „Herzenserleichterungen", St. Gallen 1784, S. 28 und 29. — Jung Stilling hatte im September

1783 an Lavater geschrieben: „Deine Betrachtungen über die Evangelien ist Dein herrlichstes Buch"; s. Hegner, Beiträge zur nähern Kenntniß und wahren Darstellung J. K. Lavaters, Leipzig 1836, S. 162.

⁴²) Vgl. Georg Geßner, Lavaters Lebensbeschreibung, Zweiter Band, Winterthur 1802, S. 383.

⁴³) Was wir hierüber mitteilen, ist Lavaters Korrespondenzen mit dem Markgrafen und dessen Geheimsekretär Griesbach entnommen. — An dem Lesezirkel nahm auch Schlosser teil, nachdem derselbe 1787 wieder nach Karlsruhe versetzt worden war. — Aus Lavaters Korrespondenz mit Griesbach haben sich nur noch Briefe des letztern vorgefunden und zwar solche aus den Jahren 1783—1800.

⁴⁴) Präsident Ferdinand von Lamezan, 1741—1817. — Näheres über ihn s. Beilage zur Allgemeinen Zeitung 1818, Nr. 16 S. 61, 62. — Lavater schreibt in der Handbibliothek für Freunde 1790 IV, S. 240: „... Ein Lamezan und ein Gaupp (er war das Haupt des Schaffhausener Kreises) und ein Sturmfeder sind Früchte des großen Menschenbaums, die doch demonstriren, daß es noch eßbare Früchte gibt ..."

⁴⁵) Von den Zusendungen der letztern Art werden in Karlsruhe aufbewahrt: 1. ein Heftchen: „Wahrheit, Irrthum, Seyn und Schein. Seiner Hochfürstlichen Durchlaucht Herrn Carl Friedrich von Baaden und Seiner Durchlaucht Prinzen Friedrich von Ihrem unterthänig ergebenen Joh. Casp. Lavater. Zürich, Freytags Abends, den 15. II. 1788"; 2. ein Heftchen: „Ihrer Durchlaucht dem Herrn Marggrafen Carl Friedrich von Baaden. Von Joh. Casp. Lavater. Zürich, den 24. VIII. 1788. Entwurf zu einer Abhandlung über die Schriftlehre vom Namen Gottes und Christi und einigen dahin einschlagenden Lehren. Im Jenner und Merz 1788 entworfen". Dem Inhalt des ersten Manuskriptes entspricht der Text von Lavaters Privatdruck aus dem Jahr 1791 „Philosophische Unterhaltungen von einem französischen und schweizerischen Verfasser. Der Blinde vom Berge, aus dem Französischen übersetzt. Drei Gespräche über Wahrheit und Irrthum,

Anmerkungen. 45

Sein und Schein. Aus einem deutschen Manuskripte", nur fehlen in dem Drucke die in unserer Handschrift sich findenden nähern Angaben Lavaters über seine Arbeit an den einzelnen Gesprächen. Den Inhalt des zweiten Manuskriptes finden wir der Hauptsache nach wieder in Lavaters Monatsschrift „Antworten auf wichtige und würdige Fragen und Briefe weiser und guter Menschen", Zweiter Band, Berlin 1790, Viertes Stück, S. 289—343 Nr. I „Schrift= lehre von dem Namen Gottes und Christi, in Briefen an Baron von Br.. k". — Über beide Druckschriften s. Geßner, Lavaters Lebensbeschreibung, Dritter Band, Winterthur 1803, S. 156 und 158. — J. K. Orelli, der Herausgeber von „J. K. Lavaters ausgewählten Schriften", hält (Band 1, Zürich 1841, S. V) die „drei Gespräche über Wahrheit und Irrthum, Sein und Schein" für eines der vollendetsten Erzeugnisse des Lavaterschen Geistes; wir sehen, Lavater teilte vom Besten, was er geben konnte, dem Markgrafen mit.

[46]) Karl Friedrich an Lavater, Lausanne, den 12. X. 87.

[47]) Diese Basler Zusammenkunft wird von Lavaters und Karl Friedrichs Biographen nicht erwähnt. Einen nähern Anhalt zur Feststellung der Zeit derselben geben folgende zwei Punkte: 1. In seinem unter [46]) angeführten Lausanner Ein= ladungsschreiben bemerkt der Markgraf: „Den 17. dieses, nämlich künftigen Mittwoch, gedenke ich in Basel zu sein", 2. trägt ein Manuskriptenbüchlein „Andenken an liebe Reisende 1787", das auf der Karlsruher Hofbibliothek aufbewahrt wird und un= zweifelhaft von Lavater damals dem Markgrafen überreicht wurde, von Lavaters Hand die Widmung: „Ihrer Durchlaucht Herrn Carl Friedrich von Baaden. Basel, Freytags den 19. Oct. 87. J. C. Lavater." — Dieses Büchlein enthält am Schlusse das Datum: „Zürich, 9. VII. 87" und die Bemerkung: „Darf nicht ohne meine ausdrückliche Erlaubniß publiciert werden"; das= selbe erschien aber später „durchaus umgearbeitet und um die Hälfte vermehrt" als zweites Bändchen von Lavaters Hand= bibliothek für Freunde 1790; s. auch Geßner, J. K. Lavaters Lebensbeschreibung, Dritter Band, Winterthur 1803, S. 160 ff. — Der Markgraf war, wie aus seinem Brief aus

Lausanne an Lavater ersichtlich ist, auf dieser Reise von dem Erbprinzen und von Edelsheim begleitet. — Die Schwäbische Chronik auf das Jahr 1787 meldet über die damalige Reise Karl Friedrichs, S. 172: „Den 3. X. haben der Markgraf mit des Erbprinzen Hochfürstlicher Durchlaucht eine Reise in die Oberlande angetreten und werden von da aus eine Reise nach Bern, Zürich und Lausanne machen." Und S. 182: „Beide durchlauchtigste Fürsten, der Markgraf und der Erbprinz, sind von ihrer Reise aus der Schweiz und den Oberlanden den 24. Oktober im besten Wohlsein nach Carlsruhe zurück eingetroffen."

⁴⁸) Lavater an Karl Friedrich, Zürich, den 4. I. 88.

⁴⁹) Karl Friedrich an Lavater, Carlsruhe, den 1. II. 88.

⁵⁰) Nachdem der Markgraf am 4. X. 85 von Lavater nur eine kurze Notiz über dessen Erfahrungen mit dem tierischen Magnetismus erhalten hatte, ward er von demselben zum ersten Male eingehend darüber verständigt durch ein „Cahier", welches Lavater Ende Oktober in Schaffhausen in Zirkel gegeben hatte, und das im Anfang des November in Karlsruhe eintraf. — Dieses „Cahier" ist vermutlich identisch mit dem Heftchen „Etwas Geschichtliches vom sogenannten thierischen Magnetismus", von dem in Fr. H. Jacobis Brief an Lavater vom 3. V. 87 die Rede ist; s. Fr. H. Jacobis auserlesener Briefwechsel, Erster Band, Leipzig 1825, S. 417. — Der dem Markgrafen überschickte „Aufsatz, den thierischen Magnetismus betreffend", wurde von diesem dem Prinzen Friedrich, Herrn von Edelsheim und Boeckmann „unter Anempfehlung des Stillschweigens" communiciert; Karl Friedrich an Lavater, den 16. XI. 85.

⁵¹) Lavater an Karl Friedrich, den 8. XII. 85. — Für das Folgende wurden von uns außer Lavaters Briefwechsel mit dem Markgrafen folgende gedruckte Quellen benützt:

1. Boeckmanns Anzeige im 28. Stück der Carlsruher Zeitung 1787.

2. Schwäbische Chronik auf das Jahr 1786, 1787 u. 88; die hierin unter dem Titel „Magnetismus in Schwaben und besonders in den badischen Ländern" enthaltenen Artikel werden

Anmerkungen. 47

von F. D. Ring — n. b. einem Gegner des Magnetismus — in dessen handschriftlichem „Quodlibet usque 1792" als „sehr gute Nachrichten von dem Magnetisierwesen in der hasigen Gegend" bezeichnet.

    3. Boeckmanns Archiv für Magnetismus und Somnambulismus, Straßburg 1787 und 1788.

    4. Journal von und für Deutschland 1787 und 1788, besonders 1787 I, S. 471 ff. „Concentrirte Geschichte des thierischen Magnetismus im Badischen"; der hierin genannte Dr. Kropp ist unzweifelhaft identisch mit dem von Lavater an den Markgrafen empfohlenen Dr. Grob.

⁵²) Über Walz, 1748—1817, s. Badische Biographieen, hrsg. von Fr. von Weech, Zweiter Teil, Heidelberg 1875, S. 421—23, wo jedoch diese Passion des Hofpredigers Walz für den tierischen Magnetismus nicht berührt wird; über sie vgl. insbesondere den von Walz geschriebenen Aufsatz in Boeckmanns Archiv für Magnetismus und Somnambulismus, Viertes Stück, Straßburg 1787, S. 3 ff. und Boeckmanns Bemerkungen darüber in der genannten Zeitschrift, Siebentes Stück, Straßburg 1788, S. 71, 72, sowie Boeckmanns Archiv, Sechstes Stück, Straßburg 1788, S. 39 coll. Journal von und für Deutschland 1787 II, S. 451 und 452.

⁵³) Das soeben Gesagte, sowie das unmittelbar Folgende ist nachgenannten drei im Großh. Bad. General-Landesarchiv befindlichen Aktenstücken entnommen:

    1. „Beschwerende Vorstellung der hiesigen Aerzte vom 20. II. 88."

    2. „Unterthänigstes Promemoria des Hofrath Boeckmann vom 17. III. 88, worin derselbe um Mitteilung der Vorstellung der Aerzte vom 20. II. 88 und um Schutz gegen die Verunglimpfung bittet."

    3. „Extractus Geheimen Cabinetsprotokolles vom 17. III. 88." —

Der Schlußpassus des erstgenannten Schriftstückes lautet: „Wir überlassen es den höchsten Einsichten Eurer Hochfürstlichen Durchlaucht, ob es übrigens thunlich seye, dergleichen Personen aus allen Classen und Ständen, die nicht einmal den Bau des menschlichen Körpers und das System der Krankheiten kennen, die Heilung menschlicher Uebel ebenso zu untersagen, wie die Gesetze der medizinischen Policey und selbst die in dem hiesigen Landrecht vorliegende Verordnungen jedem Afterarzt solche verbieten."

⁵⁴) Lavater an Karl Friedrich, den 29. X. und 23. XI. 85, und Karl Friedrich an Lavater, den 16. XI. 85.

⁵⁵) S. auch von Drais, Geschichte der Regierung und Bildung von Baden unter Carl Friedrich vor der Revolution, Zweiter Band, Carlsruhe 1818, S. 446. — Die daselbst von Drais kurz besprochene Bitte des größten Teils der Karlsruher Ärzte „um solenne aktenmäßige Untersuchung der Fakten und Resultate der Magnetkuren" ging der von uns erwähnten „Beschwerde und Bitte um Unterdrückung des Magnetismus vom 20. II. 88" einige Zeit voraus; sie ist in Boeckmanns Archiv für Magnetismus und Somnambulismus, Siebentes Stück, Strasburg 1788, S. 69 ff. abgedruckt und vollständiger im Journal von und für Deutschland 1787 II, S. 451 ff. veröffentlicht, an beiden Orten aber fälschlich — wie eine Vergleichung des Druckes mit dem betreffenden Aktenstücke zeigt — vom 17. statt vom 14. XII. 87 datiert.

⁵⁶) Lavater an Spalding Sohn, im Oktober 1785; s. Georg Geßner, Lavaters Lebensbeschreibung, Zweiter Band, Winterthur 1802, S. 404.

⁵⁷) Lavater an Karl Friedrich, den 23. XI. 85.

⁵⁸) Lavater an Karl Friedrich, den 18. XI. 86.

⁵⁹) Karl Friedrich an Lavater, den 2. I. 87. — Das damals dem Markgrafen übersandte Exemplar von „J. C. Lavaters Rechenschaft an Seine Freunde, Winterthur 1786" wird auf der Großh. Hof- und Landesbibliothek in Karlsruhe aufbewahrt; dasselbe trägt, von Lavaters Hand geschrieben, die Widmung: „Ihrer Durchlaucht Carl Friedrich von Baaden, 18. XI. 1786."

⁶⁰) Hamann an Jacobi, Königsberg, den 28. XII. 85: „... Versichern Sie ihn (s.c. Lavater) wenigstens, daß der Berliner Handel meine Freundschaft für ihn vermehrt und ge-

stärkt hat, und daß ihm ebenso heilsam wie dem hl. Paulo ist, bisweilen gestäupt zu werden, wenigstens zum besten seiner blinden Anhänger, die vielleicht eine solche Correction nöthiger haben als er selbst"; s. Gildemeister, Hamanns Leben und Schriften, Fünfter Band „Hamanns Briefwechsel mit Fr. Hnr. Jacobi", Gotha 1868, S. 170.

⁶¹) „Lavaters Protokoll über den Spiritus Familiaris Gablibone. Mit Beylagen und einem Kupfer. Frankfurth und Leipzig 1787." — Das Manuskript hatte Lavater 1781 an Goethe gesandt; was dieser dazu gesagt hat, s. Salomon Hirzel, Neuestes Verzeichniß einer Goethe=Bibliothek, 1874, S. 193 und 194. — In Heinrich Hirzels Ausgabe der „Briefe von Goethe an Lavater aus den Jahren 1774 bis 1783, Leipzig 1833", S. 133 ist die in Goethes Brief vom 14. XI. 81 sich findende Stelle über den „überschickten Gablidon" weggelassen. — Lavaters Antwortschreiben auf den in Rede stehenden Brief Goethes hat Ludwig Hirzel erst kürzlich im Goethe=Jahrbuch, herausgegeben von Ludwig Geiger, Frankfurt a. M. 1890, S. 107—108 nach einer in Lavaters Nachlaß aufbewahrten Kopie zum Abdruck gebracht.

⁶²) Karl Friedrich an Lavater, den 12. XII. 88.

⁶³) Lavater an Karl Friedrich, den 18. XII. 88. — Das Originale dieses Briefes hat sich nicht vorgefunden, wohl aber besitzt Lavaters Urenkel eine zierlich geschriebene Kopie desselben, welche einige Korrekturen und einen Zusatz von Lavaters Hand enthält. — Lavater ließ den Text dieses Briefes „revidirt den 28. August 1789" gleich im ersten Stück seiner Monatsschrift „Antworten auf wichtige und würdige Fragen und Briefe weiser und guter Menschen", Berlin 1790, S. 86—98 Nr. XIV „Ueber Gablidon, Geisterseherey, Zauberey. An Herrn M. v. B." im Druck erscheinen. Vgl. oben ¹²). — Aus diesem ursprünglich für den Markgrafen von Baden geschriebenen und von Lavater l. c. zum Abdruck gebrachten Rechtfertigungsschreiben sind besonders charakteristische Stellen in die deutschen Litteraturgeschichten übergegangen; s. Julian Schmidt, Geschichte der deutschen Litteratur seit Lessings Tod, Fünfte

50 Anmerkungen.

Auflage, Erster Band, Leipzig 1866, S. 45 und Heinrich Gelzer, Die neuere Deutsche National-Literatur nach ihren ethischen und religiösen Gesichtspunkten, Zweiter Theil, Zweite Auflage, Leipzig 1849, S. 105.

⁶⁴) Karl Friedrich an Lavater, den 17. I. 89.

⁶⁵) Hierüber spricht Lavater unter anderm auch in seinem zweiten in der Gablidone'schen Angelegenheit an Karl Friedrich gerichteten Schreiben. Dieser Brief ist vom 23. I. 89 datiert und später von Lavater im dritten Stück der Monatsschrift „Antworten auf wichtige und würdige Fragen und Briefe weiser und guter Menschen", Berlin 1790, S. 214—217 Nr. II „Engel, Geisterwelt, Zeitphilosophie, Schriftphilosophie", ohne Nennung des Adressaten, veröffentlicht worden. Vgl. oben ¹²).

⁶⁶) Lavater an Karl Friedrich, den 18. XII. 88.

⁶⁷) Den „Kleinrichen, den 29. Julius 1789" batierten und „An Freunde" überschriebenen Prospekt zur Handbibliothek erhielt der Markgraf mit einem Brief Lavaters vom 7. X. 89. — Auch Prinz Friedrich wurde Teilhaber an diesem „freundschaftlichen Werkchen"; wie hoch der Prinz dasselbe schätzte, sehen wir aus folgender Stelle eines Briefes von ihm an Lavater vom 16. II. 98: „Ihre Handbibliothek für Freunde kömmt beynahe nicht aus meinen Händen, denn sie ist meine tägliche Abend-Unterhaltung, wo ich zum öftern auch meiner Frau etwas daraus vorlese; ich kann sagen, daß ich schon vieles daraus gelernt und den Mann im Stillen gesegnet habe, der in so manchen Fällen mir darin Belehrung und Zufriedenheit vorbereitet hatte."

⁶⁸) So gab des Markgrafen Eingehen auf Handbibliothek 1791 V, S. 16 („Bitte nur um Eins, um Eins nur bitten zu können!") und S. 45 (Le voyageur philosophe par Mr. de Listonay) die Veranlassung zu Handbibliothek 1792 IV, S. 165—167 und 1793 V, S. 8. — Karl Friedrich an Lavater, den 9. VI. und 16. VI. 92, Lavater an Karl Friedrich, den 13. VI. und 5. VII. 92.

⁶⁹) Karl Friedrich an Lavater, den 9. IV. 91. — Die Frage wurde von Lavater in der Handbibliothek für Freunde 1791 II, S. 26—35 „Geheime Gesellschaften 14. IV. 1791" beantwortet. — Vgl. auch Handbibliothek für Freunde 1791 VI, S. 229.

Anmerkungen.

⁷⁰) Karl Friedrich an Lavater, den 11. III. 93, wo solche **Auszüge** aus „Handbibliothek 1792 V, S. 55 und 80" erwähnt werden; dieselben sind noch heute vorhanden.

⁷¹) Karl Friedrich an Lavater, undatiert und von Lavater „erhalten den 25. I. 94." — Das „Tägliche Gebet", dem Karl Friedrich die folgenden drei Verse entnommen:
„Alle, für die ich flehe, die für mich flehen, bestrahle,
Herr, dein mildes Licht; dein Geist sey Lehrer von Allen!
Lehre sie flehen für mich, und lehre für jeden mich flehen!"
steht Handbibliothek 1793 V, S. 304—307.

⁷²) Karl Friedrich an Lavater, Carlsruhe, den 29. VII. 91. — Unsere Darstellung von dieser Basler Zusammenkunft beruht auf dem, was Lavater in der Handbibliothek 1791 VI „Auszug aus meinem Tagebuch, August 1791, Manustript für Freunde" auf S. 86—230 darüber berichtet. — In Lavaters und Karl Friedrichs Biographien findet diese Basler Zusammenkunft ebensowenig wie das **frühere** dortige Zusammentreffen eine Erwähnung. Vgl. oben ⁴⁷). — Die „Schwäbische Chronik auf das Jahr 1791" meldet über diese Reise des Markgrafen, S. 199: „Durlach, den 15. August: Nach den letzten mit der Post hier angekommenen Nachrichten aus Lörrach befinden sich unser Markgraf und seine Frau Gemahlin, welche dahin eine Reise mit einem kleinen Gefolge, wobei der Minister von Edelsheim und Obrist von Geusau, vor 12 Tagen angetreten haben, ganz wohl. Lavater ist von Zürich gekommen, dem Markgrafen seine Aufwartung zu machen". Und S. 213 wird berichtet, daß am 27. VIII. der Markgraf nebst seiner Gemahlin und dem Prinzen Louis aus dem badischen Oberlande wieder in Karlsruhe eingetroffen sei.

⁷³) Ludwig Wilhelm August, des Markgrafen jüngster Sohn aus erster Ehe, 1763—1830, der spätere Großherzog Ludwig von Baden.

⁷⁴) Über Lavaters Stellungnahme zur **französischen** Revolution s. Geßner, Lavaters Lebensbeschreibung, Dritter Band, Winterthur 1803, S. 327 ff. Von der Art, wie Lavater sich gegen den Markgrafen darüber äußert, geben die

„Nebenius, Karl Friedrich von Baden, herausgegeben durch
Fr. von Weech, Karlsruhe 1868", S. 278 ff. mitgeteilten und von
uns unter [12]) erwähnten Lavaterbriefe einige Proben. Auf die l. c.
S. 278 und 279 sich findende Briefstelle: „Den Fürsten besonders
möcht' ich zurufen: Benutzet diese unbeschreiblich wichtige Zeit! Ehret
die Rechte der Menschheit in dem geringsten Eurer Unterthanen und
prüfet alle Eure Staatsmaximen nach jener: Der Menschensohn
ist nicht gekommen, daß ihm gedient werde, sondern daß er
diene", antwortet der Markgraf den 4. I. 93: „Ich werde mich
oft Ihres Zurufs an die Fürsten erinnern und darnach handeln,
er ist sehr richtig, und welch' ein besseres und größeres Beispiel
könnten wir haben als das des Erlösers?"

[75]) Jakob Sarasin, 1742—1802. — Näheres über ihn
s. Hagenbach „Jacob Sarasin und seine Freunde", in den
Beiträgen zur vaterländischen Geschichte, herausgegeben von der
historischen Gesellschaft zu Basel, Vierter Band, Basel 1850,
S. 1—103 und Max Rieger, Klinger in der Sturm- und
Drangperiode, Darmstadt 1880, S. 342 ff. — An Sarasin
schrieb Lavater in seinem ersten Brief an denselben nach den
Tagen von Basel: „. . . Wir werden uns sämmtlich noch oft
dieser unserer kleinen Exkursion freuen und dem braven Markgrafen danken, daß er sie veranlaßt und uns möglich gemacht
hat . . . . Siehst Du jemand von den herzguten Merians,
so vergiß nicht, ihnen so kräftig, als ich's thun möchte, zu danken!
Die wackern Lieben!" (Handbibliothek 1791 III, S. 139.)

[76]) Johann Jacob Merian-De Bary, 1744—1799
im Ritterhof wohnhaft, ein intimer Freund J. K. Lavaters.

[77]) Cuninghame, eigentlich Ryclof Michael van Goens,
geboren in Utrecht 1748, seit 1781 ein politischer Flüchtling,
ein eifriger Korrespondent Lavaters und einer der ersten Mit-
arbeiter an dessen Handbibliothek für Freunde.

[78]) Dieses Thema schlägt Lavater dem Markgrafen gegenüber u. a. in dem ersten der „Nebenius, Karl Friedrich
von Baden, herausgegeben durch Fr. von Weech, Karlsruhe
1868", S. 278 ff. mitgeteilten Briefe an. Auf jenes Schreiben
antwortet Karl Friedrich den 4. I. 93 u. a.: „Recht-

Anmerkungen.

schaffenheit, Glauben, Demuth sind im Streit gegen Intriguen, Unglauben, Aberglauben, Stolz und Uebermuth, Licht gegen Finsterniß. Welche Waagschale wird, muß am Ende das Uebergewicht bekommen? und welche wird zu leicht erfunden werden? Das ist wohl keine Frage! Aber was ist in der Zwischenzeit zu thun? ich glaube Gott um Weisheit, Standhaftigkeit und Beistand zu bitten, und das wollen wir thun."

[79]) Friedrich Heinrich Jacobis auserlesener Briefwechsel, Zweiter Band, Leipzig 1827, S. 64 und 65. Vgl. auch „Gesammelte Werke der Brüder Christian und Friedrich Leopold Grafen zu Stolberg, Sechster Band (Reise in Deutschland, der Schweiz, Italien und Sizilien. Erster Band), Hamburg 1822, S. 88.

[80]) Vgl. Heinrich Gelzers Protestantische Monatsblätter für innere Zeitgeschichte 1859, 14. Band, Drittes Heft, Gotha: Justus Perthes, S. 170—181 „Die Geisterseher in Kopenhagen." Gelzers Publikation beruht auf Aufzeichnungen, welche Georg Müller sich aus der dem Schaffhausener Kreis von Lavater auszugsweise mitgeteilten Nordischen Korrespondenz seinerzeit gemacht hat, und wir mußten uns hier vorwiegenderweise mit dieser indirekten Quelle begnügen, da Lavaters Briefwechsel mit seinen Freunden im Norden bis auf wenige Kopieen von Lavaterbriefen an die Bernstorffs, an den Kronprinzen und die Kronprinzessin von Dänemark und an Prinz Karl von Hessen einem Autodafé zum Opfer gefallen sind. Mit den eben genannten, der Vernichtung entgangenen Kopieen, welche erst vor wenigen Jahren ans Licht gezogen wurden, kamen zu gleicher Zeit auch noch andere ungedruckte Korrespondenzen Lavaters zum Vorschein, welche Gelzers Mitteilungen über „Lavaters und seiner nordischen Freunde Verkehr mit der Geisterwelt" in willkommener Weise ergänzen. — Eine auf meine Bitte hin in den Archiven zu Kopenhagen, auf Glücksburg und Louisenlund freundlichst vorgenommene Nachforschung nach Überresten aus Lavaters Nordischer Korrespondenz vermochte leider nichts neues zu Tage zu fördern. — Von der Nordischen Korrespondenz Lavaters spricht Georg Geßner, Lavaters Lebensbeschreibung, Dritter Band, Winterthur

1803, S. 191 unb S. 209 ff., ohne jedoch dabei der Geisterseherei der nordischen Freunde irgend zu gedenken; letztere berührt dagegen Ulrich Hegner, Beiträge zur näheren Kenntniß und wahren Darstellung J. K. Lavaters, Leipzig 1836, S. 262.

[81]) Von der von Lavater „auf vielseitiges Verlangen" veranstalteten Ausgabe seiner „Reise nach Kopenhagen im Sommer 1793. Auszug aus dem Tagebuch. Durchaus blos für Freunde", worauf auch der Markgraf (den 15. XI. 93) subskribiert hatte, erschien bekanntlich nur das „Erste Heft"; s. Geßner, J. K. Lavaters Lebensbeschreibung, Dritter Band, Winterthur 1803, S. 215 und Muncker, J. K. Lavater. Eine Skizze seines Lebens und Wirkens, Stuttgart 1883, S. 55. Doch wurde — was wenig bekannt sein dürfte — der „Zweite Theil, Bogen A bis S" noch abgedruckt, so daß wir mittelst dieses Druckfragmentes, wovon ein Exemplar sich auf der Züricher Stadtbibliothek befindet, Georg Geßners Mitteilungen aus Lavaters Kopenhagener Reisejournal bis zum 4. Juni 1793 kontrolieren und uns vervollständigen können. Während nämlich das erschienene „Erste Heft" nur die neun ersten Tage der Fahrt bis zur Ankunft in Hof (28. V. 93) umfaßt, führt das noch zum Abbruck gelangte Fragment „des Zweiten Theiles" die Reisebeschreibung von Nr. X an bis zu Nr. XVI „Dienstags, den 4. Brachmonat 1793. Wernigerode, Osterwick, Hornburg, Beinum, Nördlingen, Hildesheim und Söber" fort.

[82]) Karl Friedrich an Lavater, den 8. V. 93 und den 15. XI. 93.

[83]) Lavater an Karl Friedrich, den 4. X. 93.

[84]) Lavater an Karl Friedrich, den 15. I. 94 und 5. VIII. 94.

[85]) Vgl. Heinrich Gelzers Protestantische Monatsblätter für innere Zeitgeschichte 1859, 14. Band, Drittes Heft, Gotha: Justus Perthes, S. 181—203 „Der hellsehende Knabe". — Georg Geßner, Lavaters Biograph, schweigt sich über diese Sache, von der auch in den von uns unter [80]) erwähnten, vor wenigen Jahren erst zum Vorschein gekommenen, ungedruckten Korrespondenzen Lavaters die Rede ist, ganz aus; Hegner berührt dieselbe l. c. S. 262.

Anmerkungen. 55

⁸⁶) Lavater an Karl Friedrich, den 30. XI. 94. — Schon ben 13. XII. 93, als der Unglücksprophet noch nicht in seinem Hause weilte, hatte Lavater an Karl Friedrich geschrieben: „Mir ahnet immer, daß ich, ungeachtet ich der vollkommensten Gesundheit genieße, nicht mehr lange hienieden verweilen werde."
⁸⁷) Lavater an Karl Friedrich, den 5. XII. 95. — Über Lavaters damals „Zunehmende Kränklichkeit und Vergegenwärtigung seines Todes" s. auch Geßner, Lavaters Lebensbeschreibung, Dritter Band, Winterthur 1803, S. 260 ff.
⁸⁸) Des Markgrafen Bestellung erfolgte in dessen Brief an Lavater vom 23. I. 96, und Lavater begann mit der Ausführung derselben den 1. II. 96; am 2. V. 96 schrieb Karl Friedrich an Lavater: „. . . Ich habe nun nach und nach 13 Futerale und einen Einschlag reichhaltigen Inhaltes empfangen. Die Stücke von Chodowiecki sind nicht unter den 13 begriffen, da sie in größerem Futeral sind." Alles, was hier vom Markgrafen, als von Lavater empfangen, angeführt wird, ist noch in Karlsruhe erhalten und wird daselbst teils auf der Großh. Hof- und Landesbibliothek, teils im Großh. Bad. General-Landesarchiv aufbewahrt. Diese Lavaterreliquien, welche früher alle am erstgenannten Orte aufbewahrt wurden, bespricht Fr. von Weech, in Nebenius, Karl Friedrich von Baden, Karlsruhe, 1868, S. 258⁷).
⁸⁹) Lavater an Karl Friedrich, den 1. II. und 13. IV. 96, beide im Auszug mitgeteilt „Nebenius, Karl Friedrich von Baden, herausgegeben durch Fr. von Weech, Karlsruhe 1868", S. 281, und 16. IV. 96.
⁹⁰) Karl Friedrich an Lavater, den 12. II. 96: „. . . Der Herr gebe, daß wir uns bald sprechen können. Er stärke Ihren Leib, da Ihr Geist munter ist." Karl Friedrich an Lavater, undatiert und den 13. IV. 96 von Lavater empfangen: „Sie setzen meine Wißbegierde — vielleicht ist es Neugierde, welche aber freilich in wichtigen Dingen, die das Reich Gottes sowohl in der Körper- als Geister-Welt betreffen, nicht stattfinden sollte, sehr auf die Probe. Ach könnte mein Ohr sich Ihrem Mund nahen? . . . Vielleicht ist es möglich,

daß ich zu Ihnen komme, wo nicht nach Zürich, vielleicht doch nach Schaffhausen." Karl Friedrich an Lavater, den 2. V. 96: „... Ich wünsche sehr, daß eine Kur in der Nähe von hier Ihrer Gesundheit möge nützlich gehalten werden. Das Wichtige, was sich bei Ihnen zuträgt, muß Ihnen gewiß viele neue Aufschlüsse geben und das Geglaubte klarer darstellen und bestätigen. Gott segne Ihre Gesundheit und lasse mich Sie bald wiedersehen."

[91]) Es sei hier bemerkt, daß der mehrgenannte Hofrat Boeckmann den Markgrafen auf der Flucht begleitete und die ganze Zeit über vom 28. VI. 96 bis zum 19. II. 97 mit dem Fürsten zusammen war; s. W. F. Wucherer, „Dem Andenken Böckmanns gewidmet", Karlsruhe 1803, S. 11.

[92]) Karl Friedrich an Lavater, Triesdorf ohnweit Ansbach, den 26. XII. 96.

[93]) Lavater an Karl Friedrich, den 31. XII. 96. 10. I. 97.

[94]) Lavater an Karl Friedrich, Zürich, den 13. VIII. 98. — Die Schwäbische Chronik auf das Jahr 1798 meldet von des Markgrafen damaliger Reise S. 323: „Lörrach, den 10. September. Der Markgraf hält sich schon bis in die vierte Woche zu Badenweiler in der obern Markgrafschaft auf." Und S. 369: „Am 9. Oktober kam der Markgraf und seine Gemahlin auf der Rückreise von ihrem Sommeraufenthalt durch Rastatt durch." — Bei der Reichsgräfin von Hochberg hatte sich Lavater schon längst auf das beste insinuirt; bald nach ihrer Vermählung mit dem Markgrafen „ließ er durch Prinz Friedrich einige Devisen in ihr Cabinetchen hängen" zu ihrer und des Fürsten freudiger Ueberraschung. Als später ihr Gemahl einen Teil von Lavaters Sammlungen ankaufte, ließ Frau von Hochberg Lavater ersuchen, für sie „mehr Kupferstiche als Zeichnungen, vorzüglich aber solche Stücke auszuwählen, die mit seinen Bemerkungen begleitet seien, weil diese für sie den größten Werth hätten". Bei der Geburt von des Markgrafen letztem Kinde hatte Lavater geschrieben: „Möge der Geist seines Vaters und die Bescheidenheit seiner Mutter und beider Rechtschaffenheit und Frömmigkeit auf dem Sohne ruhen!"

Anmerkungen. 57

⁹⁵) Lavater an Karl Friedrich, Zürich, den 13. VIII. 98.

⁹⁶) Lavater an Karl Friedrich, Erlenbach, zwo Stunden von Zürich am See, den 29. VII. 1800; f. Nebenius, Karl Friedrich von Baden, herausgegeben durch Fr. von Weech, Karlsruhe 1868, S. 284. — „Gleich nach Lavaters Verwundung" hatte der Markgraf sich bei demselben nach seinen Umständen erkundigt, Karl Friedrichs Brief aber war wieder zurückgekommen, „weil der Postlauf gehemmt war"; dies erfahren wir aus einer Zuschrift Karl Friedrichs an Lavater vom 22. VII. 1800. So erklärt es sich auch, warum jenes erste Erkundigungsschreiben des Markgrafen von jeher unter den Lavaterbriefen in Karlsruhe sich befand, was die Meinung erweckte, daß der betreffende Brief Karl Friedrichs gar nicht abgeschickt worden sei.

⁹⁷) Karl Friedrich an Lavater, Favorite bey Rastadt, den 8. IX. 1800.

⁹⁸) Lavater an Karl Friedrich, Zürich, den 20. IX. 1800. — Bis dahin wurden die Briefe Lavaters an Karl Friedrich alle von ihm selbst geschrieben, wie andererseits sämtliche Briefe Karl Friedrichs an Lavater von des Fürsten eigener Hand geschrieben sind.

⁹⁹) Lavater an Karl Friedrich, den 20. IX. 1800 und Karl Friedrich an Lavater, den 28. X. 1800. — Die Denksprüche sind noch erhalten und werden im Großh. Bad. General-Landesarchiv aufbewahrt.

¹⁰⁰) In dem unter ⁹⁷) angeführten Schreiben.

¹⁰¹) Dr. Heinrich Lavater war nach Absolvierung seines Studiums zu Göttingen auf seinen Wunsch, den der Vater am 5. III. 88 seinem fürstlichen Gönner in einem merkwürdigen Schreiben unterbreitet hatte, von diesem unterm 10. III. 88 zum badischen Legationsrat ernannt worden; das betreffende Geheimratsprotokoll ist noch in Karlsruhe vorhanden. — David Friedrich Strauß, „Kleine Schriften", Leipzig 1862, S. 28, Arthur Kleinschmidt, Karl Friedrich von Baden, Heidelberg 1878, S. 87 und K. G. Fecht, Geschichte der Haupt- und Residenzstadt Karlsruhe, Karlsruhe 1887, S. 328 verwechseln den Vater mit dem Sohne, indem sie berichten, daß der Pfarrer

J. K. Lavater den fraglichen Titel von Karl Friedrich erhalten habe. Auch die Schwäbische Chronik auf das Jahr 1788 zeigt sich ungenau unterrichtet, wenn sie den 19. III. 88 meldet: „Heinrich Lavater erhielt den Charakter eines Geheimen Legationsraths und geht auf Reisen."

¹⁰²) Das Datum (5. I. 1800) und den Inhalt des nicht mehr vorhandenen Schreibens von Heinrich Lavater erfahren wir aus der Antwort, welche der Markgraf dem Sohne Lavaters zu teil werden ließ.

¹⁰³) An den Hochfürstlich Badischen Legationsrath Herrn D. Lavater in Zürich, nomine Sr$^{\underline{mi}}$. Karlsruhe, den 11. Februar 1801.

¹⁰⁴) S. u. a. Lavaters Monatsschrift „Antworten auf wichtige und würdige Fragen und Briefe weiser und guter Menschen", Erster Band, Berlin 1790, S. 69—85 „Ueber Mystizismus. An S. St...", besonders S. 78 ff. und Fr. Hnr. Jacobis auserlesener Briefwechsel, Zweiter Band, Leipzig 1827, S. 56.

¹⁰⁵) Vgl. Erich Schmidt „Voltaire und der badische Hof", in der Wochenschrift Im neuen Reich 1879 II, Nr. 31 S. 167 ff. und Literarische Beilage der Karlsruher Zeitung, herausgegeben durch Friedrich von Weech, Erster Jahrgang, 1879, Nr. 36 S. 281 ff. — Über Karoline Luise s. auch Nebenius, Karl Friedrich von Baden, herausgegeben durch Fr. von Weech, Karlsruhe 1868, S. 254 ff. und Kleinschmidt, Karl Friedrich von Baden, Heidelberg 1878, S. 81 ff. — Die Resultate einer von mir mit gnädigster Erlaubnis unternommenen Durchforschung des handschriftlichen Nachlasses der Markgräfin Karoline Luise gedenke ich an einer anderen Stelle zur Sprache zu bringen.